卷首语

《最新法律文件解读》是一套以为最新法律规范提供同步“解读”为主的系列丛书，分为刑事、民事、商事、行政与执行4个分册，按月出版。

本丛书以“解读”为重点，突出全、专、新、快、准等特点，通过对最新出台的法律、法规、司法解释、部门规章以及重要地方性法规进行同步动态解读，弥补了法律、法规、司法解释汇编类出版物没有同步阐释、解读内容的不足，为广大读者学习理解最新法律规范，正确贯彻执行法律文件，及时解决实践中的新情况、新问题，提供一个全方位、多层面的法律信息平台。

本辑遵循丛书确立的宗旨，收录了以下内容：解读修改《中华人民共和国资源税暂行条例》、《中华人民共和国对外合作开采海洋石油资源条例》和《中华人民共和国对外合作开采陆上石油资源条例》；《电力安全事故应急处置和调查处理条例》与解读；《国家自然灾害救助应急预案》与解读；《会计改革与发展“十二五”规划纲要》与解读；《解读关于执行权合理配置和科学运行的若干意见》中，对该意见的重点问题，如将执行权分为实施权和审查权、法院执行人员在遇到紧急情况时可以采取的控制措施及需要履行的程序、在有关法律文书中载明当事人的身份证号码及在卷宗中载明送达地址、审理确权诉讼时提出的限制条件等问题进行了深入的说明；《南京市中级人民法院关于在全市法院建立执行工作快速反应指挥中心的通知》与解读；司法工作热点问题研究栏目收录了《关于加强行政审判司法建议工作的调研》；新类型疑难案例选评栏目收录了《凌源市东城街道辛杖子村辛南村民组、辛北村民组诉凌源市人民政府土地确权决定案》、《乔文荣、胡丽玛诉台州市人民政府房屋行政登记案》及法官点评。

图书在版编目(CIP)数据

行政与执行法律文件解读．总第 82 辑/江必新主编．—北京:人民法院出版社,2011.12
(最新法律文件解读丛书)
ISBN 978－7－5109－0359－5

Ⅰ.①行…　Ⅱ.①江…　Ⅲ.①行政法－法律解释－中国
Ⅳ.①D922.105

中国版本图书馆 CIP 数据核字(2011)第 259267 号

行政与执行法律文件解读．总第 82 辑
主编　江必新

责任编辑　姜　峤
出版发行　人民法院出版社
地　　址　北京市东城区东交民巷 27 号　邮编　100745
电　　话　(010)67550573(责任编辑)　67550558(发行部查询)
　　　　　　65223677(读者服务部)
网　　址　http://www.courtbook.com.cn
E－mail　courtpress@sohu.com
印　　刷　北京人卫印刷厂
经　　销　新华书店
开　　本　787×1092 毫米　1/16
字　　数　140 千字
印　　张　8
版　　次　2011 年 12 月第 1 版　　2011 年 12 月第 1 次印刷
书　　号　ISBN 978－7－5109－0359－5
定　　价　16.00 元

《最新法律文件解读》丛书
编　委　会

责任编辑　姜　峤

电　　话　(010)67550573

邮　　箱　jiang9919@126.com

目录

【行政法规、法规性文件与解读】

行政法规、法规性文件与解读

国务院
关于修改《中华人民共和国资源税暂行条例》的决定

（2011 年 9 月 21 日国务院第 173 次常务会议通过　2011 年 9 月 30 日国务院令第 605 号公布　自 2011 年 11 月 1 日起施行）

国务院决定对《中华人民共和国资源税暂行条例》作如下修改：

一、第一条修改为："在中华人民共和国领域及管辖海域开采本条例规定的矿产品或者生产盐（以下称开采或者生产应税产品）的单位和个人，为资源税的纳税人，应当依照本条例缴纳资源税。"

二、第二条修改为："资源税的税目、税率，依照本条例所附《资源税税目税率表》及财政部的有关规定执行。

"税目、税率的部分调整，由国务院决定。"

三、第三条修改为："纳税人具体适用的税率，在本条例所附《资源税税目税率表》规定的税率幅度内，根据纳税人所开采或者生产应税产品的资源品位、开采条件等情况，由财政部商国务院有关部门确定；财政部未列举名称且未确定具体适用税率的其他非金属矿原矿和有色金属矿原矿，由省、自治区、直辖市人民政府根据实际情况确定，报财政部和国家税务总局备案。"

四、第五条、第六条合并作为第四条，修改为："资源税的应纳税额，按照从价定率或者从量定额的办法，分别以应税产品的销售额乘以纳税人具体适用的比例税率或者以应税产品的销售数量乘以纳税人具体适用的定额税率计算。"

五、第四条作为第五条，修改为："纳税人开采或者生产不同税目应税产品的，应当分别核算不同税目应税产品的销售额或者销售数量；未分别核算或者不能准确提供不同税目应税产品的销售额或者销售数量的，从高适用税率。"

六、增加一条，作为第六条："纳税人开采或者生产应税产品，自用于连续生产应税产品的，不缴纳资源税；自用于其他方面的，视同销售，依照本条例缴纳资源税。"

七、第八条中的"课税数量"修改为"销售额或者销售数量"。

八、第十五条修改为："本条例实施办法由财政部和国家税务总局制定。"

九、将所附的《资源税税目税额幅度表》修改为：

资源税税目税率表

税 目		税 率
一、原油		销售额的5%－10%
二、天然气		销售额的5%－10%
三、煤炭	焦煤	每吨8－20元
	其他煤炭	每吨0.3－5元
四、其他非金属矿原矿	普通非金属矿原矿	每吨或者每立方米0.5－20元
	贵重非金属矿原矿	每千克或者每克拉0.5－20元
五、黑色金属矿原矿		每吨2－30元
六、有色金属矿原矿	稀土矿	每吨0.4－60元
	其他有色金属矿原矿	每吨0.4－30元
七、盐	固体盐	每吨10－60元
	液体盐	每吨2－10元

本决定自2011年11月1日起施行。

《中华人民共和国资源税暂行条例》根据本决定作相应的修改并对条文顺序作相应调整，重新公布。

国务院

关于修改《中华人民共和国对外合作开采海洋石油资源条例》决定

（2011年9月21日国务院第173次常务会议通过　2011年9月30日国务院令第607号公布　自2011年11月1日起施行）

国务院决定对《中华人民共和国对外合作开采海洋石油资源条例》作如下修改：

第十条修改为：“参与合作开采海洋石油资源的中国企业、外国企业，都应当依法纳税。”

本决定自2011年11月1日起施行。1989年1月1日经国务院批准财政部发布的《开采海洋石油资源缴纳矿区使用费的规定》同时废止。

自本决定施行之日起，中外合作开采海洋石油资源的中国企业和外国企业依法缴纳资源税，不再缴纳矿区使用费。但是，本决定施行前已依法订立的中外合作开采海洋石油资源的合同，在已约定的合同有效期内，继续依照当时国家有关规定缴纳矿区使用费，不缴纳资源税；合同期满后，依法缴纳资源税。

此外，对条文的个别文字作了修改。

《中华人民共和国对外合作开采海洋石油资源条例》根据本决定作相应的修改，重新公布。

国务院

关于修改《中华人民共和国对外合作开采陆上石油资源条例》决定

(2011年9月21日国务院第173次常务会议通过 2011年9月30日国务院令第606号公布 自2011年11月1日起施行)

国务院决定对《中华人民共和国对外合作开采陆上石油资源条例》作如下修改:

第十一条修改为:"对外合作开采陆上石油资源,应当依法纳税。"

本决定自2011年11月1日起施行。1990年1月15日经国务院批准财政部发布,1995年7月28日财政部、税务总局修订的《中外合作开采陆上石油资源缴纳矿区使用费暂行规定》同时废止。

自本决定施行之日起,中外合作开采陆上石油资源的企业依法缴纳资源税,不再缴纳矿区使用费。但是,本决定施行前已依法订立的中外合作开采陆上石油资源的合同,在已约定的合同有效期内,继续依照当时国家有关规定缴纳矿区使用费,不缴纳资源税;合同期满后,依法缴纳资源税。

《中华人民共和国对外合作开采陆上石油资源条例》根据本决定作相应的修改,重新公布。

解读

修改《中华人民共和国资源税暂行条例》、《中华人民共和国对外合作开采海洋石油资源条例》和《中华人民共和国对外合作开采陆上石油资源条例》

国务院法制办、财政部、国家税务总局负责人

一、修改《中华人民共和国资源税暂行条例》的主要背景

按照1993年制定的《中华人民共和国资源税暂行条例》（以下简称《资源税暂行条例》）的规定，资源税按照“从量定额”的办法计征，即按照应纳税资源产品的销售数量乘以规定的单位税额计算纳税。从实践看，这种计税办法不能使资源税随着资源产品价格和资源企业收益的增长而增加，特别是在石油天然气等资源产品的价格已较大幅度提升的情况下，资源税在这类产品价格中所占比重过低，既不利于发挥该项税收调节生产、促进资源合理开发利用的功能，也不利于充分发挥该项税收合理组织财政收入的功能。为完善资源税制度，经国务院批准，自2010年6月1日起在新疆进行原油天然气资源税改革试点后，2010年12月1日起，又在其他西部省（区）进行了这项改革试点，将原油天然气资源税由“从量定额”改为“从价定率”即按照应纳税资源产品的销售收入乘以规定的比例税率计征。从实践情况看，改革试点运行平稳，成效明显。西部地区油气资源税收入有较大幅度增长，增加了地方财政收入，增强了地方保障和改善民生及治理环境等方面的经济实力。同时，由于受油气定价机制的制约，这项改革不会对油气产品价格产生影响，也有利于促进油气资源开采企业努力挖掘内部潜力，降低生产经营成本。

按照“十二五”规划纲要提出的全面推进资源税改革的要求，总结改革试点的成功经验，国务院决定，修改《资源税暂行条例》，增加规定从价定率的资源税计征办法，在全国范围内实施资源税改革。目前先对原油、天然气实行从价定率计征，条件成熟时再逐步扩大到其他资源产品。这是我国税收制度改革的又一重大措施。

二、这次对《资源税暂行条例》的修改，除重点调整了油气资源税的计征办法和税率外，还调整了焦煤和稀土矿的资源税税额标准

焦煤是生产焦炭的原料，是煤炭资源中的稀缺性资源，其价格和利润率远高于其他煤炭资源。对焦煤和其他煤炭资源实行同样的税额标准，不利于发挥税收的调节功能，促进焦煤资源的合理开发利用和保护。稀土是重要的战略性资源。我国稀土行业存在发展方式粗放、资源过量开采、生态环境破坏和资源浪费严重等问题，严重影响了我国稀土战略资源安全和稀土产业的持续健康发展。为进一步理顺焦煤和稀土资源产品的价税关系，更好地发挥税收调节功能，促进焦煤和稀土资源的合理开发利用，保护生态环境，遏制过度开采和资源浪费，按照《资源税暂行条例》关于国务院可以决定资源税税额幅度调整的规定，国务院已分别批准自2007年2月和2011年4月起，提高焦煤和稀土资源的税额标准。在这次《资源税暂行条例》的修改中，将焦煤和稀土矿分别在煤炭资源和有色金属原矿资源中单列，相应提高了这两种重要稀缺资源的税额标准，对其他煤炭资源和有色金属原矿的资源税税额标准则未作调整。

三、同时修改《中华人民共和国对外合作开采海洋石油资源条例》和《中华人民共和国对外合作开采陆上石油资源条例》的目的

按照分别于1982年1月和1993年10月制定并公布施行的《中华人民共和国对外合作开采海洋石油资源条例》和《中华人民共和国对外合作开采陆上石油资源条例》以及国务院有关规定，对外合作开采海洋石油、陆上石油资源，应缴纳矿区使用费，暂不征收资源税。为统一各类油气企业资源税费制度，公平税负，在这次修改《资源税暂行条例》的同时，对上述两个对外合作开采石油资源的条例作了相应修改，删去了其中关于缴纳矿区使用费的规定，明确自修改决定施行之日起，对外合作开采海洋和陆上油气资源不再缴纳矿区使用费，统一依法缴纳资源税。同时，为保持政策连续性，在修改两个条例的决定中明确，在条例修改前已依法订立的对外合作开采合同，在已约定的合同有效期内，继续依照当时的国家有关规定缴纳矿区使用费，不缴纳资源税；合同期满后，依法缴纳资源税。

四、修改后的《资源税暂行条例》施行后，对财政收入的影响

资源税属于地方税，按照修改后的《资源税暂行条例》规定的油气资源税的计征办法和税率，地方财政收入将会增加，对增强地方保障和改善民生以及治理环境等方面的能力，是很有利的。油气资源税提高后，静态计算，油气开发企业的利润会相应减少，缴纳的企业所得税也会有所减少。由于油气开发企业中的中央企业缴纳的所得税属于中央财政收入，而我国油气开发企业大多是中央企业，中央财政收入将会减少。此次改革增加了地方财政收入，减少了中央财政收入，是对中央与地方利益的调整。

五、《资源税暂行条例》修改的意义

调整原油天然气资源税的计征办法和税率，是这次《资源税暂行条例》修改的重点。《资源税暂行条例》修改后，将在全国范围内实施原油天然气资源税改革。其意义主要体现在以下方面：一是有利于促进节能减排。实施油气资源税改革，提高资源开采使用成本，使企业承担相应的生态恢复和环境补偿成本，对促进资源节约开采利用、保护环境，实现经济社会可持续发展具有积极作用。二是有利于建立地方财政收入稳定增长的长效机制，增加资源地财政收入，增强这些地方保障民生等基本公共服务能力，改善地区发展环境，促进区域经济协调发展。三是有利于公平各类企业资源税费负担。油气企业资源税政策的统一，符合“统一各类企业税收制度”的税制改革目标。四是有利于维护国家利益。改变目前资源税税负水平偏低的状况，提高资源税在资源价格中的比重，有利于避免属于国家所有的稀缺性资源利益的流失。

电力安全事故应急处置和调查处理条例

（2011 年 6 月 15 日国务院第 159 次常务会议通过　2011 年 7 月 7 日国务院令第 599 号公布　自 2011 年 9 月 1 日起施行）

第一章　总　　则

第一条　为了加强电力安全事故的应急处置工作，规范电力安全事故的调查处理，控制、减轻和消除电力安全事故损害，制定本条例。

第二条　本条例所称电力安全事故，是指电力生产或者电网运行过程中发生的影响电力系统安全稳定运行或者影响电力正常供应的事故（包括热电厂发生的影响热力正常供应的事故）。

第三条 根据电力安全事故（以下简称事故）影响电力系统安全稳定运行或者影响电力（热力）正常供应的程度，事故分为特别重大事故、重大事故、较大事故和一般事故。事故等级划分标准由本条例附表列示。事故等级划分标准的部分项目需要调整的，由国务院电力监管机构提出方案，报国务院批准。

由独立的或者通过单一输电线路与外省连接的省级电网供电的省级人民政府所在地城市，以及由单一输电线路或者单一变电站供电的其他设区的市、县级市，其电网减供负荷或者造成供电用户停电的事故等级划分标准，由国务院电力监管机构另行制定，报国务院批准。

第四条 国务院电力监管机构应当加强电力安全监督管理，依法建立健全事故应急处置和调查处理的各项制度，组织或者参与事故的调查处理。

国务院电力监管机构、国务院能源主管部门和国务院其他有关部门、地方人民政府及有关部门按照国家规定的权限和程序，组织、协调、参与事故的应急处置工作。

第五条 电力企业、电力用户以及其他有关单位和个人，应当遵守电力安全管理规定，落实事故预防措施，防止和避免事故发生。

县级以上地方人民政府有关部门确定的重要电力用户，应当按照国务院电力监管机构的规定配置自备应急电源，并加强安全使用管理。

第六条 事故发生后，电力企业和其他有关单位应当按照规定及时、准确报告事故情况，开展应急处置工作，防止事故扩大，减轻事故损害。电力企业应当尽快恢复电力生产、电网运行和电力（热力）正常供应。

第七条 任何单位和个人不得阻挠和干涉对事故的报告、应急处置和依法调查处理。

第二章 事故报告

第八条 事故发生后，事故现场有关人员应当立即向发电厂、变电站运行值班人员、电力调度机构值班人员或者本企业现场负责人报告。有关人员接到报告后，应当立即向上一级电力调度机构和本企业负责人报告。本企业负责人接到报告后，应当立即向国务院电力监管机构设在当地的派出机构（以下称事故发生地电力监管机构）、县级以上人民政府安全生产监督管理部门报告；热电厂事故影响热力正常供应的，还应当向供热管理部门报告；事故涉及水电厂（站）大坝安全的，还应当同时向有管辖权的水行政主管部门或者流域管理机构报告。

电力企业及其有关人员不得迟报、漏报或者瞒报、谎报事故情况。

第九条 事故发生地电力监管机构接到事故报告后，应当立即核实有关情况，向国务院电力监管机构报告；事故造成供电用户停电的，应当同时通报事故发生地县级以上地方人民政府。

对特别重大事故、重大事故，国务院电力监管机构接到事故报告后应当立即报告国务院，并通报国务院安全生产监督管理部门、国务院能源主管部门等有关部门。

第十条 事故报告应当包括下列内容：

（一）事故发生的时间、地点（区域）以及事故发生单位；

（二）已知的电力设备、设施损坏情况，停运的发电（供热）机组数量、电网减供负荷或者发电厂减少出力的数值、停电（停热）范围；

（三）事故原因的初步判断；

（四）事故发生后采取的措施、电网运行方式、发电机组运行状况以及事故控制情况；

（五）其他应当报告的情况。

事故报告后出现新情况的，应当及时补报。

第十一条 事故发生后，有关单位和人员应当妥善保护事故现场以及工作日志、工作票、操作票等相关材料，及时保存故障录波图、电力调度数据、发电机组运行数据和输变电设备运行数据等相关资料，并在事故调查组成立后将相关材料、资料移交事故调查组。

因抢救人员或者采取恢复电力生产、电网运行和电力供应等紧急措施，需要改变事故现场、移动电力设备的，应当作出标记、绘制现场简图，妥善保存重要痕迹、物证，并作出书面记录。

任何单位和个人不得故意破坏事故现场，不得伪造、隐匿或者毁灭相关证据。

第三章 事故应急处置

第十二条 国务院电力监管机构依照《中华人民共和国突发事件应对法》和《国家突发公共事件总体应急预案》，组织编制国家处置电网大面积停电事件应急预案，报国务院批准。

有关地方人民政府应当依照法律、行政法规和国家处置电网大面积停电事件应急预案，组织制定本行政区域处置电网大面积停电事件应急预案。

处置电网大面积停电事件应急预案应当对应急组织指挥体系及职责，应急处置的各项措施，以及人员、资金、物资、技术等应急保障作出具体规定。

第十三条 电力企业应当按照国家有关规定，制定本企业事故应急预案。

电力监管机构应当指导电力企业加强电力应急救援队伍建设，完善应急物资储备制度。

第十四条 事故发生后，有关电力企业应当立即采取相应的紧急处置措施，控制事故范围，防止发生电网系统性崩溃和瓦解；事故危及人身和设备安全的，发电厂、变电站运行值班人员可以按照有关规定，立即采取停运发电机组和输变电设备等紧急处置措施。

事故造成电力设备、设施损坏的，有关电力企业应当立即组织抢修。

第十五条 根据事故的具体情况，电力调度机构可以发布开启或者关停发电机组、调整发电机组有功和无功负荷、调整电网运行方式、调整供电调度计划等电力调度命令，发电企业、电力用户应当执行。

事故可能导致破坏电力系统稳定和电网大面积停电的，电力调度机构有权决定采取拉限负荷、解列电网、解列发电机组等必要措施。

第十六条 事故造成电网大面积停电的，国务院电力监管机构和国务院其他有关部门、有关地方人民政府、电力企业应当按照国家有关规定，启动相应的应急预案，成立应急指挥机构，尽快恢复电网运行和电力供应，防止各种次生灾害的发生。

第十七条 事故造成电网大面积停电的，有关地方人民政府及有关部门应当立即组织开展下列应急处置工作：

（一）加强对停电地区关系国计民生、国家安全和公共安全的重点单位的安全保卫，防范破坏社会秩序的行为，维护社会稳定；

（二）及时排除因停电发生的各种险情；

（三）事故造成重大人员伤亡或者需要紧急转移、安置受困人员的，及时组织实施救治、转移、安置工作；

（四）加强停电地区道路交通指挥和疏导，做好铁路、民航运输以及通信保障工作；

（五）组织应急物资的紧急生产和调用，保证电网恢复运行所需物资和居民基本生活资料的供给。

第十八条 事故造成重要电力用户供电中断的，重要电力用户应当按照有关技术要求迅速启动自备应急电源；启动自备应急电源无效的，电网企业应当提供必要的支援。

事故造成地铁、机场、高层建筑、商场、影剧院、体育场馆等人员聚集场所停电的，应当迅速启用应急照明，组织人员有序疏散。

第十九条 恢复电网运行和电力供应，应当优先保证重要电厂厂用电源、重要输变电设备、电力主干网架的恢复，优先恢复重要电力用户、重要城市、重点地区的电力供应。

第二十条 事故应急指挥机构或者电力监管机构应当按照有关规定，统一、准确、及时发布有关事故影响范围、处置工作进度、预计恢复供电时间等信息。

第四章 事故调查处理

第二十一条 特别重大事故由国务院或者国务院授权的部门组织事故调查组进行调查。

重大事故由国务院电力监管机构组织事故调查组进行调查。

较大事故、一般事故由事故发生地电力监管机构组织事故调查组进行调查。国务院电力监管机构认为必要的，可以组织事故调查组对较大事故进行调查。

未造成供电用户停电的一般事故，事故发生地电力监管机构也可以委托事故发生单位调查处理。

第二十二条 根据事故的具体情况，事故调查组由电力监管机构、有关地方人民政府、安全生产监督管理部门、负有安全生产监督管理职责的有关部门派人组成；有关人员涉嫌失职、渎职或者涉嫌犯罪的，应当邀请监察机关、公安机关、人民检察院派人参加。

根据事故调查工作的需要，事故调查组可以聘请有关专家协助调查。

事故调查组组长由组织事故调查组的机关指定。

第二十三条 事故调查组应当按照国家有关规定开展事故调查，并在下列期限内向组织事故调查组的机关提交事故调查报告：

（一）特别重大事故和重大事故的调查期限为60日；特殊情况下，经组织事故调查组的机关批准，可以适当延长，但延长的期限不得超过60日。

（二）较大事故和一般事故的调查期限为45日；特殊情况下，经组织事故调查组的机关批准，可以适当延长，但延长的期限不得超过45日。

事故调查期限自事故发生之日起计算。

第二十四条 事故调查报告应当包括下列内容：

（一）事故发生单位概况和事故发生经过；

（二）事故造成的直接经济损失和事故对电网运行、电力（热力）正常供应的影响情况；

（三）事故发生的原因和事故性质；

（四）事故应急处置和恢复电力生产、电网运行的情况；

（五）事故责任认定和对事故责任单位、责任人的处理建议；

（六）事故防范和整改措施。

事故调查报告应当附具有关证据材料和技术分析报告。事故调查组成员应当在事故调查报告上签字。

第二十五条 事故调查报告报经组织事故调查组的机关同意，事故调查工作即告结束；委托事故发生单位调查的一般事故，事故调查报告应当报经事故发生地电力监管机构同意。

有关机关应当依法对事故发生单位和有关人员进行处罚，对负有事故责任的国家工作人员给予处分。

事故发生单位应当对本单位负有事故责任的人员进行处理。

第二十六条 事故发生单位和有关人员应当认真吸取事故教训，落实事故防范和整改措施，防止事故再次发生。

电力监管机构、安全生产监督管理部门和负有安全生产监督管理职责的有关部门应当对事故发生单位和有关人员落实事故防范和整改措施的情况进行监督检查。

第五章 法律责任

第二十七条 发生事故的电力企业主要负责人有下列行为之一的，由电力监管机构处其上一年年收入40%至80%的罚款；属于国家工作人员的，并依法给予处分；构成犯罪的，依法追究刑事责任：

（一）不立即组织事故抢救的；

（二）迟报或者漏报事故的；

（三）在事故调查处理期间擅离职守的。

第二十八条 发生事故的电力企业及其有关人员有下列行为之一的，由电力监管机构对电力企业处100万元以上500万元以下的罚款；对主要负责人、直接负责的主管人员和其他直接责任人员处其上一年年收入60%至100%的罚款，属于国家工作人员的，并依法给予处分；构成违反治安管理行为的，由公安机关依法给予治安管理处罚；构成犯罪的，依法追究刑事责任：

（一）谎报或者瞒报事故的；

（二）伪造或者故意破坏事故现场的；

（三）转移、隐匿资金、财产，或者销毁有关证据、资料的；

（四）拒绝接受调查或者拒绝提供有关情况和资料的；

（五）在事故调查中作伪证或者指使他人作伪证的；

（六）事故发生后逃匿的。

第二十九条 电力企业对事故发生负有责任的，由电力监管机构依照下列规定处以罚款：

（一）发生一般事故的，处10万元以上20万元以下的罚款；

（二）发生较大事故的，处20万元以上50万元以下的罚款；

（三）发生重大事故的，处50万元以上200万元以下的罚款；

（四）发生特别重大事故的，处200万元以上500万元以下的罚款。

第三十条 电力企业主要负责人未依法履行安全生产管理职责，导致事故发生的，由电力监管机构依照下列规定处以罚款；属于国家工作人员的，并依法给予处分；构成犯罪的，依法追究刑事责任：

（一）发生一般事故的，处其上一年年收入30%的罚款；

（二）发生较大事故的，处其上一年年收入40%的罚款；

（三）发生重大事故的，处其上一年年收入60%的罚款；

（四）发生特别重大事故的，处其上一年年收入80%的罚款。

第三十一条 电力企业主要负责人依照本条例第二十七条、第二十八条、第三十条规定受到撤职处分或者刑事处罚的，自受处分之日或者刑罚执行完毕之日起5年内，不得担任任何生产经营单位主要负责人。

第三十二条 电力监管机构、有关地方人民政府以及其他负有安全生产监督管理职责的有关部门有下列行为之一的，对直接负责的主管人员和其他直接责任人员依法给予处分；直接负责的主管人员和其他直接责任人员构成犯罪的，依法追究刑事责任：

（一）不立即组织事故抢救的；

（二）迟报、漏报或者瞒报、谎报事故的；

（三）阻碍、干涉事故调查工作的；

（四）在事故调查中作伪证或者指使他人作伪证的。

第三十三条 参与事故调查的人员在事故调查中有下列行为之一的，依法给予处分；构成犯罪的，依法追究刑事责任：

（一）对事故调查工作不负责任，致使事故调查工作有重大疏漏的；

（二）包庇、袒护负有事故责任的人员或者借机打击报复的。

第六章 附 则

第三十四条 发生本条例规定的事故，同时造成人员伤亡或者直接经济损失，依照本条例确定的事故等级与依照《生产安全事故报告和调查处理条例》确定的事故等级不相同的，按事故等级较高者确定事故等级，依照本条例的规定调查处理；事故造成人员伤亡，构成《生产安全事故报告和调查处理条例》规定的重大事故或者特别重大事故的，依照《生产安全事故报告和调查处理条例》的规定调查处理。

电力生产或者电网运行过程中发生发电设备或者输变电设备损坏，造成直接经济损失的事故，未影响电力系统安全稳定运行以及电力正常供应的，由电力监管机构依照《生产安全事故报告和调查处理条例》的规定组成事故调查组对重大事故、较大事故、一般事故进行调查处理。

第三十五条 本条例对事故报告和调查处理未作规定的，适用《生产安全事故报告和调查处理条例》的规定。

第三十六条 核电厂核事故的应急处置和调查处理，依照《核电厂核事故应急管理条例》的规定执行。

第三十七条 本条例自2011年9月1日起施行。

解读

《电力安全事故应急处置和调查处理条例》

国务院法制办、电监会负责人

一、《电力安全事故应急处置和调查处理条例》出台的背景

2007年，国务院公布施行了《生产安全事故报告和调查处理条例》，这个条例对生产经营活动中发生的造成人身伤亡和直接经济损失的事故的报告和调查处理作了规定。电力生产和电网运行过程中发生的影响电力系统安全稳定运行或者影响电力正常供应，甚至造成电网大面积停电的电力安全事故，在事故等级划分、事故应急处置、事故调查处理等方面，都与《生产安全事故报告和调查处理条例》规定的生产安全事故有较大不同。比如，生产安全事故是以事故造成的人身伤亡和直接经济损失为依据划分事故等级的，而电力安全事故以事故影响电力系统安全稳定运行或者影响电力正常供应的程度为依据划分事故等级，需要考虑事故造成的电网减供负荷数量、供电用户停电户数、电厂对外停电以及发电机组非正常停运的时间等指标。在事故调查处理方面，由于电力运行具有网络性、系统性，电力安全事故的影响往往是跨行政区域的，同时电力安全监管实行中央垂直管理体制，电力安全事故的调查处理不宜完全按照属地原则，由事故发生地有关地方人民政府牵头负责。因此，电力安全事故难以完全适用

《生产安全事故报告和调查处理条例》的规定，有必要制定专门的行政法规，对电力安全事故的应急处置和调查处理作出有针对性的规定。

二、要处理好本条例与《生产安全事故报告和调查处理条例》的衔接

处理好《电力安全事故应急处置和调查处理条例》（以下简称《条例》）与《生产安全事故报告和调查处理条例》的衔接，是制定《条例》首先要解决的问题。《条例》从几个层面对这个问题作了处理：

一是根据电力生产和电网运行的特点，总结电力行业安全事故处理的实践经验，明确将《条例》的适用范围界定为电力生产或者电网运行过程中发生的影响电力系统安全稳定运行或者影响电力正常供应的事故。电力生产或者电网运行过程中造成人身伤亡或者直接经济损失，但不影响电力系统安全稳定运行或者电力正常供应的事故，属于一般生产安全事故，依照《生产安全事故报告和调查处理条例》的规定调查处理。

二是对于电力生产或者电网运行过程中发生的既影响电力系统安全稳定运行或者电力正常供应，同时又造成人员伤亡的事故，原则上依照《条例》的规定调查处理，但事故造成人员伤亡，构成《生产安全事故报告和调查处理条例》规定的重大事故或者特别重大事故的，则依照该条例的规定，由有关地方政府牵头调查处理，这样更有利于对受害人的赔偿以及责任追究等复杂问题的解决。

三是因发电或者输变电设备损坏造成直接经济损失，但不影响电力系统安全稳定运行和电力正常供应的事故，属于《生产安全事故报告和调查处理条例》规定的一般生产安全事故，但考虑到此类事故调查的专业性、技术性比较强，《条例》明确规定由电力监管机构依照《生产安全事故报告和调查处理条例》的规定组织调查处理。

四是对电力安全事故责任者的法律责任，《条例》作了与《生产安全事故报告和调查处理条例》相衔接的规定。

三、《条例》对电力安全事故等级的划分

电力安全事故的等级划分，涉及采取相应的应急处置措施、适用不同的调查处理程序以及确定相应的事故责任等，在《条例》中予以明确非常必要。根据事故影响电力系统安全稳定运行或者影响电力正常供应的程度，《条例》将电力安全事故划分为特别重大事故、重大事故、较大事故、一般事故四个等级。这样规定，既在事故等级上与《生产安全事故报告和调查处理条例》相衔接，同时在事故等级划分的标准上又体现了电力安全事故的特点。大家可以看到，对于电力安全事故等级划分的标准，《条例》主要规定了五个方面的判定项，包

括造成电网减供负荷的比例、造成城市供电用户停电的比例、发电厂或者变电站因安全故障造成全厂（站）对外停电的影响和持续时间、发电机组因安全故障停运的时间和后果、供热机组对外停止供热的时间。由于这些标准属于专业性技术性规范，又非常具体，《条例》从立法体例上作了相应处理，将电力安全事故等级划分标准以附表的形式列示，没有在正文中规定。

四、对于电力安全事故的应急处置，《条例》规定了具体措施

电力安全事故特别是电网大面积停电事故一旦发生，会对正常的社会生产生活产生较大影响。为确保及时、有效地处置电力安全事故，尽可能控制、减轻、消除事故损害，尽快恢复正常电力供应和社会生产、生活秩序，《条例》根据《突发事件应对法》和《国家处置电网大面积停电事件应急预案》的有关规定，总结电力安全事故应急处置的实践经验，对电力安全事故应急处置的主要措施作了规定，明确了电力企业、电力调度机构、重要电力用户以及政府及其有关部门的责任和义务。比如：有关电力企业、电力调度机构应当立即采取控制事故范围的紧急措施，防止发生电网系统性崩溃和瓦解；相关电力企业应当立即组织抢修损坏的电力设备、设施；供电中断的重要电力用户应当迅速启动自备应急电源，启动自备应急电源无效的，电网企业应当提供必要的支援；事故造成地铁、机场、高层建筑、商场、影剧院、体育场馆等人员聚集场所停电的，应当迅速启用应急照明，组织人员有序疏散。事故造成电网大面积停电的，国务院电力监管机构和其他有关部门、有关地方人民政府应当按照国家有关规定，启动相应的应急预案，成立应急指挥机构，尽快恢复电网运行和电力供应；有关地方政府及有关部门应当立即组织开展应急处置工作。此外，《条例》还对恢复电网运行和电力供应的次序以及事故信息的发布作了规定。

五、电力安全事故的调查处理

考虑到电力事故的实际情况和特点、电力安全监管体制以及当前的实际做法，《条例》规定，特别重大事故由国务院或者国务院授权的部门组织事故调查组进行调查处理，重大事故由国务院电力监管机构组织事故调查组进行调查处理，较大事故由事故发生地电力监管机构或者国务院电力监管机构组织事故调查组进行调查处理，一般事故由事故发生地电力监管机构组织事故调查组进行调查处理。

部门规章、部门规章性文件与解读

国家自然灾害救助应急预案

（2011年10月16日修订）

1 总则

1.1 编制目的

建立健全应对突发重大自然灾害救助体系和运行机制，规范应急救助行为，提高应急救助能力，最大程度地减少人民群众生命和财产损失，维护灾区社会稳定。

1.2 编制依据

《中华人民共和国突发事件应对法》、《中华人民共和国防洪法》、《中华人民共和国防震减灾法》、《中华人民共和国气象法》、《自然灾害救助条例》、《国家突发公共事件总体应急预案》等。

1.3 适用范围

本预案所称自然灾害，主要包括干旱、洪涝灾害，台风、冰雹、雪、沙尘暴等气象灾害，火山、地震灾害，山体崩塌、滑坡、泥石流等地质灾害，风暴潮、海啸等海洋灾害，森林草原火灾和重大生物灾害等。

发生自然灾害后，地方各级人民政府视情启动本级自然灾害救助应急预案。达到本预案响应启动条件的，启动本预案。

发生其他类型突发事件，根据需要可参照本预案开展应急救助工作。

1.4 工作原则

（1）坚持以人为本，确保受灾人员基本生活。

（2）坚持统一领导、综合协调、分级负责、属地管理为主。

（3）坚持政府主导、社会互助、灾民自救，充分发挥基层群众自治组织和公益性社会组织的作用。

2 组织指挥体系

2.1 国家减灾委员会

国家减灾委员会（以下简称国家减灾委）为国家自然灾害救助应急综合协调机构，负责组织、领导全国的自然灾害救助工作，协调开展特别重大和重大自然灾害救助活动。国家减灾委成员单位按照各自职责做好全国的自然灾害救助相关工作。国家减灾委办公室负责与相关部门、地方的沟通联络，组织开展灾情会商评估、灾害救助等工作，协调落实相关支持措施。

2.2 专家委员会

国家减灾委设立专家委员会，对国家减灾救灾工作重大决策和重要规划提供政策咨询和建议，为国家重大自然灾害的灾情评估、应急救助和灾后救助提出咨询意见。

3 应急准备

3.1 资金准备

民政部、财政部、发展改革委等部门，根据《中华人民共和国预算法》、《自然灾害救助条例》等规定，安排中央救灾资金预算，并按照救灾工作分级负责、救灾资金分级负担，以地方为主的原则，建立和完善中央和地方救灾资金分担机制，督促地方政府加大救灾资金投入力度。

3.1.1 县级以上人民政府应当将自然灾害救助工作纳入国民经济和社会发展规划，建立健全与自然灾害救助需求相适应的资金、物资保障机制，将自然灾害救助资金和自然灾害救助工作经费纳入财政预算。

3.1.2 中央财政每年综合考虑有关部门灾情预测和上年度实际支出等因素，合理安排中央自然灾害生活补助资金，专项用于帮助解决遭受特别重大、重大自然灾害地区受灾群众的基本生活困难。

3.1.3 中央和地方政府应根据经济社会发展水平、自然灾害生活救助成本及地方救灾资金安排等因素适时调整自然灾害救助政策和相关补助标准。

3.1.4 救灾预算资金不足时，中央和地方各级财政通过预备费保障受灾群众生活救助需要。

3.2 物资准备

3.2.1 合理规划、建设中央和地方救灾物资储备库，完善救灾物资储备库的仓储条件、设施和功能，形成救灾物资储备网络。设区的市级以上人民政府和自然灾害多发、易发地区的县级人民政府应当根据自然灾害特点、居民人口数量和分布等情况，按照合理布局、规模适度的原则，设立救灾物资储备库。

3.2.2 制定救灾物资储备规划，合理确定储备品种和规模；建立健全救灾物资采购和储备制度，每年根据应对重大自然灾害的要求储备必要物资。按照实物储备和能力储备相结合的原则，建立救灾物资生产厂家名录，健全应急采购和供货机制。

3.2.3 制定完善救灾物资质量技术标准、储备库建设和管理标准，完善全国救灾物资储备管理信息系统。建立健全救灾物资应急保障和补偿机制。建立健全救灾物资紧急调拨和运输制度。

3.3 通信和信息准备

3.3.1 通信运营部门应依法保障灾情传送的畅通。自然灾害救助信息网络应以公用通信网为基础，合理组建灾情专用通信网络，确保信息畅通。

3.3.2 加强中央级灾情管理系统建设，指导地方建设、管理救灾通信网络，确保中央和地方各级人民政府及时准确掌握重大灾情。

3.3.3 充分利用现有资源、设备，完善灾情和数据产品共享平台，完善部门间灾情共享机制。

3.4 装备和设施准备

中央各有关部门应配备救灾管理工作必需的设备和装备。县级以上人民政府应当建立健全自然灾害救助应急指挥技术支撑系统，并为自然灾害救助工作提供必要的交通、通信等设备。

县级以上地方人民政府应当根据当地居民人口数量和分布等情况，利用公园、广场、体育场馆等公共设施，统筹规划设立应急避难场所，并设置明显标志。

3.5 人力资源准备

3.5.1 加强自然灾害各类专业救援队伍建设、民政灾害管理人员队伍建设，提高自然灾害救助能力。培育、发展和引导相关社会组织和志愿者队伍，鼓励其在救灾工作中发挥积极作用。

3.5.2 组织民政、国土资源、水利、农业、商务、卫生、安全监管、林业、地震、气象、海洋、测绘地信等方面专家，重点开展灾情会商、赴灾区的现场评估及灾害管理的业务咨询工作。

3.5.3 推行灾害信息员培训和职业资格证书制度，建立健全覆盖中央、省、市、县、乡镇（街道）、村（社区、居委会）的灾害信息员队伍。村民委员会、居民委员会和企业事业单位应当设立专职或者兼职的灾害信息员。

3.6 社会动员

准备完善救灾捐赠管理相关政策，建立健全救灾捐赠动员、运行和监督管理机制，规范救灾捐赠的组织发动、款物接收、统计、分配、使用、公示反馈等各个环节的工作。

完善非灾区支援灾区、轻灾区支援重灾区的救助对口支援机制。

3.7 科技准备

3.7.1 建立健全环境与灾害监测预报卫星星座、环境卫星、气象卫星、海洋卫星、资源卫星、航空遥感等对地监测系统，发展地面应用系统和航空平台系统，建立基于遥感、地理信息系统、模拟仿真、计算机网络等技术的“天地空”一体化的灾害监测预警、分析评估和应急决策支持系统。开展地方空间技术减灾应用示范和培训工作。

3.7.2 组织民政、国土资源、水利、农业、卫生、安全监管、林业、地震、气象、海洋、测绘地信、中科院等方面专家开展灾害风险调查，编制全国自然灾害风险区划图，制定相关技术和管理标准。

3.7.3 支持和鼓励高等院校、科研院所、企事业单位和社会组织开展灾害相关领域的科学研究和技术开发，建立合作机制，鼓励减灾救灾政策理论研究。

3.7.4 利用空间与重大灾害国际宪章、联合国灾害管理和天基信息平台等国际合作机制，拓展灾害遥感信息资源渠道，加强国际合作。

3.7.5 开展国家应急广播相关技术、标准研究，建立国家应急广播体系，提供灾情预警预报和减灾救灾信息的全面立体覆盖。加快国家突发公共事件预警信息发布系统建设，及时向公众发布自然灾害预警。

3.8 宣传和培训组织

开展全国性防灾减灾救灾宣传活动，利用各种媒体宣传灾害知识，宣传灾害应急法律法规和预防、避险、避灾、自救、互救、保险的常识，组织好“防灾减灾日”、“国际减灾日”、“全国科普日”、“全国消防日”和“国际民防日”等活动，增强公民防灾减灾意识。积极推进社区减灾活动，推动减灾示范社区建设。

组织开展地方政府分管领导、灾害管理人员和专业应急救援队伍、非政府组织和志愿者的培训。

4 信息管理

4.1 预警信息

气象局的气象灾害预警信息，水利部的汛情、旱情预警信息，地震局的地震趋势预测信息，国土资源部的地质灾害预警信息，海洋局的海洋灾害预警信息，林业局的森林火灾和林业生物灾害信息，农业部的草原火灾和生物灾害预警信息，测绘地信局的地理信息数据及时向国家减灾委办公室通报。

国家减灾委办公室根据有关部门提供的灾害预警预报信息，结合预警地区的自然条件、人口和社会经济情况，进行分析评估，及时启动救灾预警响应，向国务院有关部门和相关省（区、市）通报。

4.2 灾情管理

县级以上人民政府民政部门按照民政部和国家统计局制定的《自然灾害情况统计制度》，做好灾情信息收集、汇总、分析、上报工作。

4.2.1 对于突发性自然灾害，县级人民政府民政部门应在灾害发生后2小时内将本行政区域的灾情和救灾工作情况向地市级人民政府民政部门报告；地市级和省级人民政府民政部门在接报灾情信息2小时内审核、汇总，并向上一级人民政府民政部门报告。

县级人民政府民政部门对于本行政区域内造成死亡人口（含失踪人口）10人以上或房屋大量倒塌、农田大面积受灾等严重损失的自然灾害，应在灾害发生后2小时内同时上报省级人民政府民政部门和民政部。民政部接到灾情报告后，在2小时内向国务院报告。

4.2.2 特别重大、重大自然灾害灾情稳定前，地方各级人民政府民政部门执行灾情24小时零报告制度；省级人民政府民政部门每天12时之前向民政部报告灾情。灾情稳定后，省级人民政府民政部门应在10日内审核、汇总灾情数据并向民政部报告。

4.2.3 对于干旱灾害，地方各级人民政府民政部门应在旱情初露、群众生产和生活受到一定影响时，进行初报；在旱情发展过程中，每10日续报一次，直至灾情解除后上报核报。

4.2.4 县级以上人民政府要建立健全灾情会商制度，减灾委或者民政部门要定期或不定期组织相关涉灾部门召开灾情会商会，全面客观评估、核定灾情数据。

5 预警响应

5.1 启动条件

相关部门发布自然灾害预警预报信息，出现可能威胁人民生命财产安全、影响基本生活，需要提前采取应对措施的情况。

5.2 启动程序

国家减灾委办公室根据有关部门发布的灾害预警信息，决定启动救灾预警响应。

5.3 预警响应措施

预警响应启动后，国家减灾委办公室立即启动工作机制，组织协调预警响应工作。视情采取以下一项或多项措施：

（1）及时向国家减灾委领导、国家减灾委成员单位报告并向社会发布预警响应启动情况；向相关省份发出灾害预警响应信息，提出灾害救助工作要求。

（2）加强值班，根据有关部门发布的灾害监测预警信息分析评估灾害可能造成的损失。

（3）通知有关中央救灾物资储备库做好救灾物资准备工作，启动与交通运输、铁路、民航等部门应急联动机制，做好救灾物资调运准备，紧急情况下提前调拨。

（4）派出预警响应工作组，实地了解灾害风险情况，检查各项救灾准备及应对工作情况。

（5）及时向国务院报告预警响应工作情况。

（6）做好启动救灾应急响应的各项准备工作。

5.4 预警响应终止

灾害风险解除或演变为灾害后，国家减灾委办公室决定预警响应终止。

6 应急响应

根据自然灾害的危害程度等因素，国家减灾委设定四个国家自然灾害救助应急响应等级。Ⅰ级响应由国家减灾委主任统一组织、领导；Ⅱ级响应由国家减灾委副主任（民政部部长）组织协调；Ⅲ级响应由国家减灾委秘书长组织协调；Ⅳ级响应由国家减灾委办公室组织协调。国家减灾委各成员单位根据各响应等级的需要，切实履行好本部门的职责。

6.1 Ⅰ级响应

6.1.1 启动条件

（1）某一省（区、市）行政区域内，发生特别重大自然灾害，一次灾害过程出现下列情况之一的：

a. 死亡200人以上；

b. 紧急转移安置或需紧急生活救助100万人以上；

c. 倒塌和严重损坏房屋20万间以上；

d. 干旱灾害造成缺粮或缺水等生活困难，需政府救助人数占农牧业人口30%以上，或400万人以上。

（2）国务院决定的其他事项。

6.1.2 启动程序

灾害发生后，国家减灾委办公室经分析评估，认定灾情达到启动标准，向国家减灾委提出进入Ⅰ级响应的建议；国家减灾委决定进入Ⅰ级响应状态。

6.1.3 响应措施

由国家减灾委统一领导、组织自然灾害减灾救灾工作。

（1）国家减灾委主持会商，国家减灾委成员单位、国家减灾委专家委员会及有关受灾省份参加，对灾区抗灾救灾的重大事项作出决定。

（2）国家减灾委领导率有关部门赴灾区指导自然灾害救助工作。

（3）国家减灾委办公室组织灾情会商，按照有关规定统一发布灾情，及时发布灾区需求。有关部门按照职责，切实做好灾害监测、预警、预报工作和新闻宣传工作。必要时，国家减灾委专家委员会组织专家进行实时评估。

（4）根据地方申请和有关部门对灾情的核定情况，财政部、民政部及时下拨中央自然灾害生活补助资金。民政部为灾区紧急调拨生活救助物资，指导、监督基层救灾应急措施的落实和救灾款物的发放；交通运输、铁路、民航等部门加强救灾物资运输组织协调，做好运输保障工作。

（5）公安部负责灾区社会治安工作，协助组织灾区群众紧急转移工作，参与配合有关救灾工作。总参谋部、武警总部根据国家有关部门和地方人民政府请求，组织协调军队、武警、民兵、预备役部队参加救灾，必要时协助地方人民政府运送、接卸、发放救灾物资。

（6）发展改革委、农业部、商务部、粮食局保障市场供应和价格稳定。工业和信息化部组织基础电信运营企业做好应急通信保障工作，组织协调救援装备、防护和消杀用品、医药等生产供应工作。住房城乡建设部指导灾后房屋和市政公用基础设施的质量安全鉴定等工作。卫生部及时组织医疗卫生队伍赴灾区协助开展医疗救治、卫生防病和心理援助等工作。

（7）民政部视情组织开展跨省（区、市）或者全国性救灾捐赠活动，呼吁国际救灾援助，统一接收、管理、分配国际救灾捐赠款物。外交部协助做好救灾的涉外工作。中国红十字会依法开展救灾募捐活动，参与救灾和伤员救治工作。

（8）灾情稳定后，国家减灾委办公室组织评估、核定并按有关规定统一发布自然灾害损失情况，开展灾害社会心理影响评估，并根据需要组织开展灾后救助和心理援助。

（9）国家减灾委其他成员单位按照职责分工，做好有关工作。

6.1.4 响应终止

救灾应急工作结束后，由国家减灾委办公室提出建议，国家减灾委决定终止Ⅰ级响应。

6.1.5 由国务院统一组织开展的抗灾救灾，按有关规定执行。

6.2 Ⅱ级响应

6.2.1 启动条件

（1）某一省（区、市）行政区域内，发生重大自然灾害，一次灾害过程出现下列情况之一的：

a. 死亡100人以上，200人以下；

b. 紧急转移安置或需紧急生活救助80万人以上，100万人以下；

c. 倒塌和严重损坏房屋15万间以上，20万间以下；

d. 干旱灾害造成缺粮或缺水等生活困难，需政府救助人数占农牧业人口25%以上，或300万人以上。

（2）国务院决定的其他事项。

6.2.2 启动程序

灾害发生后，国家减灾委办公室经分析评估，认定灾情达到启动标准，向国家减灾委提出进入Ⅱ级响应的建议；国家减灾委副主任（民政部部长）决定进入Ⅱ级响应状态。

6.2.3 响应措施

由国家减灾委副主任（民政部部长）组织协调自然灾害救助工作。

（1）国家减灾委副主任主持会商，国家减灾委成员单位、国家减灾委专家委员及有关受灾省份参加，分析灾区形势，研究落实对灾区的救灾支持措施。

（2）派出由国家减灾委副主任或民政部领导带队、有关部门参加的国务院救灾工作组赶赴灾区慰问受灾群众，核查灾情，指导地方开展救灾工作。

（3）国家减灾委办公室与灾区保持密切联系，及时掌握灾情和救灾工作动态信息；组织灾情会商，按照有关规定统一发布灾情，及时发布灾区需求。有关部门按照职责，切实做好灾害监测、预警、预报工作和新闻宣传工作。必要时，国家减灾委专家委员会组织专家进行实时评估。

（4）根据地方申请和有关部门对灾情的核定情况，财政部、民政部及时下拨中央自然灾害生活补助资金。民政部为灾区紧急调拨生活救助物资，指导、监督基层救灾应急措施的落实和救灾款物的发放；交通运输、铁路、民航等部门加强救灾物资运输组织协调，做好运输保障工作。卫生部门根据需要，及时派出医疗卫生队伍赴灾区协助开展医疗救治、卫生防病和心理援助等工作。

（5）民政部视情向社会发布接受救灾捐赠的公告，组织开展跨省（区、市）或全国性救灾捐赠活动。中国红十字会依法开展救灾募捐活动，参加救灾和伤员救治工作。

（6）灾情稳定后，国家减灾委办公室组织评估、核定并按有关规定统一发布自然灾害损失情况，开展灾害社会心理影响评估，并根据需要组织开展灾后救助和心理援助。

（7）国家减灾委其他成员单位按照职责分工，做好有关工作。

6.2.4 响应终止

救灾应急工作结束后，由国家减灾委办公室提出终止建议，由国家减灾委副主任（民政部部长）决定终止Ⅱ级响应。

6.3 Ⅲ级响应

6.3.1 启动条件

（1）某一省（区、市）行政区域内，发生重大自然灾害，一次灾害过程出现下列情况之一的：

a. 死亡50人以上，100人以下；

b. 紧急转移安置或需紧急生活救助30万人以上，80万人以下；

c. 倒塌和严重损坏房屋10万间以上，15万间以下；

d. 干旱灾害造成缺粮或缺水等生活困难，需政府救助人数占农牧业人口20%以上，或200万人以上。

（2）国务院决定的其他事项。

6.3.2 启动程序

灾害发生后，国家减灾委办公室经分析评估，认定灾情达到启动标准，向国家减灾委提出进入Ⅲ级响应的建议；国家减灾委秘书长决定进入Ⅲ级响应状态。

6.3.3 响应措施

由国家减灾委秘书长组织协调自然灾害救助工作。

（1）国家减灾委办公室及时组织有关部门及受灾省份召开会商会，分析灾区形势，研究落实对灾区的救灾支持措施。

（2）派出由民政部领导带队、有关部门参加的联合工作组赶赴灾区慰问受灾群众，核查灾情，协助指导地方开展救灾工作。

（3）国家减灾委办公室与灾区保持密切联系，及时掌握并按照有关规定统一发布灾情和救灾工作动态信息。有关部门组织领导新闻宣传工作。

(4) 根据地方申请和有关部门对灾情的核定情况，财政部、民政部及时下拨中央自然灾害生活补助资金。民政部为灾区紧急调拨生活救助物资，指导、监督基层救灾应急措施的落实和救灾款物的发放；交通运输、铁路、民航等部门加强救灾物资运输组织协调，做好运输保障工作。卫生部指导受灾省份做好医疗救治、卫生防病和心理援助工作。

(5) 灾情稳定后，国家减灾委办公室指导受灾省份评估、核定自然灾害损失情况，并根据需要开展灾害社会心理影响评估，组织开展灾后救助和心理援助。

(6) 国家减灾委其他成员单位按照职责分工，做好有关工作。

6.3.4 响应终止

救灾应急工作结束后，由国家减灾委办公室提出建议，国家减灾委秘书长决定终止Ⅲ级响应。

6.4 Ⅳ级响应

6.4.1 启动条件

(1) 某一省（区、市）行政区域内，发生重大自然灾害，一次灾害过程出现下列情况之一的：

a. 死亡30人以上，50人以下；

b. 紧急转移安置或需紧急生活救助10万人以上，30万人以下；

c. 倒塌房屋和严重损坏房屋1万间以上，10万间以下；

d. 干旱灾害造成缺粮或缺水等生活困难，需政府救助人数占农牧业人口15%以上，或100万人以上。

(2) 国务院决定的其他事项。

6.4.2 启动程序

灾害发生后，国家减灾委办公室经分析评估，认定灾情达到启动标准，由国家减灾委办公室常务副主任决定进入Ⅳ级响应状态。

6.4.3 响应措施

由国家减灾委办公室组织协调自然灾害救助工作。

(1) 国家减灾委办公室视情组织有关部门召开会商会，分析灾区形势，研究落实对灾区的救灾支持措施。

(2) 国家减灾委办公室派出工作组赶赴灾区慰问受灾群众，核查灾情，指导地方开展救灾工作。

(3) 国家减灾委办公室与灾区保持密切联系，及时掌握并按照有关规定统一发布灾情和救灾工作动态信息。

（4）根据地方申请和有关部门对灾情的核定情况，财政部、民政部及时下拨中央自然灾害生活补助资金。民政部为灾区紧急调拨生活救助物资，指导、监督基层救灾应急措施的落实和救灾款物的发放。卫生部指导受灾省份做好医疗救治、卫生防病和心理援助工作。

（5）国家减灾委其他成员单位按照职责分工，做好有关工作。

6.4.4 响应的终止

救灾应急工作结束后，由国家减灾委办公室决定终止Ⅳ级响应，报告国家减灾委秘书长。

6.5 信息发布

信息发布坚持实事求是、及时准确、公开透明的原则。信息发布形式包括授权发布、组织报道、接受记者采访、举行新闻发布会、重点新闻网站或政府网站发布等。

灾情稳定前，受灾地区人民政府减灾委或民政部门应当及时向社会发布自然灾害造成的人员伤亡、财产损失和自然灾害救助工作动态及成效、下一步安排等情况。

灾情稳定后，受灾地区县级以上人民政府或者人民政府的自然灾害救助应急综合协调机构应当评估、核定并按有关规定发布自然灾害损失情况。

6.6 其他情况

对救助能力特别薄弱的地区等特殊情况，启动国家自然灾害救助应急响应的标准可酌情调整。

7 灾后救助与恢复重建

7.1 过渡性生活救助

7.1.1 重大和特别重大灾害发生后，国家减灾委办公室组织有关部门、专家及灾区民政部门评估灾区过渡性生活救助需求情况。

7.1.2 财政部、民政部及时拨付过渡性生活救助资金。民政部指导灾区人民政府做好过渡性救助的人员核定、资金发放等工作。

7.1.3 民政部、财政部监督检查灾区过渡性生活救助政策和措施的落实，定期通报灾区救助工作情况，过渡性生活救助工作结束后组织人员进行绩效评估。

7.2 冬春救助

自然灾害发生后的当年冬季、次年春季，受灾地区人民政府为生活困难的受灾人员提供基本生活救助。

7.2.1 民政部组织各地于每年9月下旬开始调查冬春受灾群众生活困

难情况，会同省级人民政府民政部门，组织有关专家赴灾区开展受灾群众生活困难状况评估，核实情况。

7.2.2 受灾地区县级人民政府民政部门应当在每年10月底前统计、评估本行政区域受灾人员当年冬季、次年春季的基本生活困难和需求，核实救助对象，编制工作台账，制定救助工作方案，经本级人民政府批准后组织实施，并报上一级人民政府民政部门备案。

7.2.3 根据省级人民政府或民政、财政部门的请款报告，结合灾情评估情况，民政部、财政部确定资金补助方案，及时下拨中央自然灾害生活补助资金，专项用于帮助解决冬春受灾群众吃饭、穿衣、取暖等基本生活困难。

7.2.4 民政部通过开展救灾捐赠、对口支援、政府采购等方式解决受灾群众的过冬衣被问题，组织有关部门和专家评估全国冬春期间中期和终期救助工作的绩效。发展改革、财政、农业等部门落实好以工代赈、灾歉减免政策，粮食部门确保粮食供应。

7.3 倒损住房恢复重建

因灾倒损住房恢复重建由县（市、区）人民政府负责组织实施，尊重群众意愿，以受灾户自建为主。建房资金通过政府救助、社会互助、邻里帮工帮料、以工代赈、自行借贷、政策优惠等多种途径解决。重建规划和房屋设计要因地制宜，科学合理布局，充分考虑灾害因素。

7.3.1 民政部根据省级人民政府民政部门倒损住房核定情况，视情组织评估小组，参考其他灾害管理部门评估数据，对因灾住房倒损情况进行综合评估。

7.3.2 民政部收到受灾省（区、市）倒损住房恢复重建补助资金的申请报告后，根据评估小组的倒房情况评估结果，按照中央倒损住房恢复重建资金补助标准，提出资金补助建议，商财政部审核后下达。

7.3.3 住房重建工作结束后，地方各级民政部门应采取实地调查、抽样调查等方式，对本地倒损住房恢复重建补助资金管理工作开展绩效评估，并将评估结果报上一级民政部门。民政部收到省级人民政府民政部门上报本行政区域内的绩效评估情况后，通过组成督查组开展实地抽查等方式，对全国倒损住房恢复重建补助资金管理工作进行绩效评估。

7.3.4 住房城乡建设部门负责倒损住房恢复重建的技术支持和质量监督等工作。其他相关部门按照各自职责，做好重建规划、选址，制定优惠政策，支持做好住房重建工作。

7.3.5 由国务院统一组织开展的恢复重建，按有关规定执行。

8 附则

8.1 自然灾害救助款物监管

建立健全监察、审计、财政、民政、金融等部门参加的救灾专项资金监管协调机制。各级民政、财政部门对救灾资金管理使用，特别是基层发放工作进行专项检查，跟踪问效。各有关地区和部门要配合监察、审计部门对救灾款物和捐赠款物的管理使用情况进行监督检查。

8.2 国际沟通与协作

积极开展国际间的救灾交流，借鉴发达国家救灾工作的经验，进一步做好我国自然灾害防范与处置工作。

8.3 奖励与责任

对在自然灾害救助工作中作出突出贡献的先进集体和个人，按照国家有关规定给予表彰和奖励；对在自然灾害救助工作中表现突出而牺牲的人员，按有关规定追认烈士；对在自然灾害救助工作中玩忽职守造成损失的，严重虚报、瞒报灾情的，依据国家有关法律法规追究当事人的责任，构成犯罪的，依法追究其刑事责任。

8.4 预案演练

国家减灾委办公室协同国家减灾委成员单位制定应急演练计划并定期组织演练。

8.5 预案管理与更新

本预案由国家减灾委办公室负责管理。预案实施后国家减灾委办公室应适时召集有关部门和专家进行评估，并视情况变化作出相应修改后报国务院审批。地方各级人民政府的自然灾害救助综合协调机构根据本预案修订本地区自然灾害救助应急预案。

8.6 制订与解释部门

本预案由民政部制订，报国务院批准后实施，由国务院办公厅负责解释。

8.7 预案生效时间

本预案自发布之日起生效。

解读《国家自然灾害救助应急预案》

国家减灾办有关负责人

一、《国家自然灾害救助应急预案》修订的原因和背景

党中央、国务院历来高度重视自然灾害救助工作。2005年，国务院办公厅印发由民政部牵头编制的《国家自然灾害救助应急预案》（以下简称《预案》）。各级人民政府逐步开展自然灾害救助应急预案编制工作。

目前，所有省和地市、99%的县、90%的乡镇（街道）、55%的行政村（社区）制定相应预案，全国自然灾害救助应急预案体系初步建立，做到救灾人员和物资在灾害发生24小时内基本到位。

在历次抗击重特大自然灾害的过程中，各级开创了许多新的行之有效的做法，总结出许多好的经验，如设置救灾预警响应，对受灾人员进行过渡性安置，对遇难人员家属进行抚慰，对旱灾生活困难人员实施救助，各部门协同配合、应急联动，救灾对口支援、社会动员等，这些需要在国家级预案中予以固化和规范。结合2010年国务院颁布的《自然灾害救助条例》的有关精神和要求，我们着手对《预案》进行修订，以更好地反映当前救灾工作的实际，更好地指导今后的救灾工作。

二、此次《预案》修订的主要内容

进一步细化部门分工，规范各部门应急救助行为，提高应急救助效率和水平是本次修订的亮点之一。《预案》强调了国家减灾委办公室在自然灾害救助工作中的组织协调职责，明确了不同级别响应中的组织指挥体系，细化了各级救灾应急响应措施和各有关部门的分工配合等，强调建立健全上下联动、左右互动、军地合作、良性运转的救灾应急工作机制。

同时，还增加了救灾预警响应、旱灾救助、过渡性生活救助、遇难人员家属抚慰等内容，统一了Ⅳ级应急响应地震和洪涝等灾害的启动条件，完善了自然灾害灾情信息的报送管理、信息发布、会商评估等内容，强调了灾情报送管理的时效性和规范性。

三、在强调各地各部门分级管理、分工合作、规范应急救助行为方面，《预案》做了修订和完善

根据自然灾害的危害程度等因素，《预案》设定了4个国家自然灾害救助应急响应等级，分别是Ⅰ级、Ⅱ级、Ⅲ级、Ⅳ级。在应急响应措施的设置上，突出以下几个特点：

一是强调分级管理原则。各类自然灾害发生时，地方各级人民政府应当首先启动本级预案；当发生重大灾害或特别重大灾害，超出了地方政府处置能力，需要中央有关部门协助地方开展救灾工作的，启动国家级预案。

二是强调分工合作原则。应急响应启动后，相关部门按照职责分工，各司其职、各尽其责；国家减灾委办公室负责与相关部门、地方的沟通联络，组织开展灾情会商评估、灾害救助等工作，协调落实相关支持措施。

三是根据灾情程度采取相应级别的措施，主要体现在组织协调和部门参与方面。例如，Ⅰ级响应启动后，由国家减灾委员会统一领导、组织自然灾害减灾救灾工作，各成员单位分别做好灾情分析评估、调拨救灾资金和物资、保持交通通讯畅通、开展医疗救治和卫生防疫、开展灾害社会心理影响评估、接收国内外救灾捐赠等工作；当启动Ⅳ级响应时，由国家减灾委办公室组织协调自然灾害救助工作，民政部、财政部、卫生部协同做好派出工作组、会商和统一发布灾情、调拨救灾资金和物资、医疗救治和心理援助等相关工作。

四、《预案》将救灾预警响应单设一章的考虑

在2005年出台的《预案》中，对救灾预警的规定主要集中在相关预警预报信息的分析管理方面。近年来，有关部门不断认识到预警在救灾工作整个环节占据十分重要的位置，及时有效的预警措施可以大幅减轻灾害造成的影响。

2009年起，国家减灾委、民政部建立灾害预警响应制度。2009年和2010年，国家减灾委、民政部分别启动救灾预警响应11次和10次，2011年以来共启动预警响应9次。

新修订的《预案》将救灾预警响应单设一章，对启动条件、启动程序、响应措施、响应终止等内容进行了规范，尤其细化了启动预警响应后应采取的相应措施，如，国家减灾委办公室将立即启动工作机制，向社会和受灾省份发布预警信息，对可能的灾害损失进行分析评估，做好中央救灾物资的准备和调运，派出预警响应工作组实地了解灾害风险情况，做好启动救灾应急响应的各项准备工作等。

五、保证灾情报送、发布的时效性，是民政部门履行灾害管理职能的重要方面

《预案》强调，县级以上人民政府民政部门按照民政部和国家统计局制定的《自然灾害情况统计制度》，做好灾情信息收集、汇总、分析、上报工作。

为进一步加强自然灾害灾情信息报送管理工作，民政部2011年以来着力开展四方面工作：

一是修订《自然灾害情况统计制度》，进一步完善报表体系，新增如受淹城镇、受淹乡村、严重损坏房屋等指标。

二是积极开展乡镇报灾试点。从2011年10月份起，河北、江苏、江西、湖北、广东五省3746个乡镇（街道）开始通过"国家自然灾害灾情管理系统"直接网络报灾，大幅提升灾情信息报送处理效率。

三是加快建设灾害信息员队伍。目前全国有灾害信息员53万人，覆盖省、市、县、乡、村五级的灾害信息员队伍基本形成，灾害信息员职业化进程稳步有序推进。

四是建立灾情信息报告通报制度，督促指导各地加强灾情报送工作的及时性、完整性、规范性。

会计改革与发展"十二五"规划纲要

2011年9月9日　　财会〔2011〕19号

"十二五"时期（2011年至2015年）是全面建设小康社会的关键时期，是深化改革开放、加快转变经济发展方式的攻坚时期。根据《中共中央关于制定国民经济和社会发展第十二个五年规划的建议》、《中华人民共和国国民经济和社会发展第十二个五年规划纲要》和国家财政"十二五"时期的有关要求，制定《会计改革与发展"十二五"规划纲要》（以下简称《规划》），对于进一步深化会计改革，推动会计事业持续稳定健康发展，更好地发挥会计在促进经济社会发展中的基础性作用，具有十分重要的意义。《规划》以科学发展为主题，以加快转变经济发展方式为主线，在总结"十一五"时期会计改革与发展基本情况、分析"十二五"时期会计改革与发展面临的形势的基础上，明确了"十二五"时期会计改革与发展的指导思想、总体目标、主要任务和政策措施，是指导未来五年我国会计改革与发展的纲领性文件。

一、“十一五”时期会计改革与发展的基本情况

“十一五”时期，我国会计工作坚持以邓小平理论和“三个代表”重要思想为指导，深入贯彻落实科学发展观，紧紧围绕服务经济财政工作大局，加强科学化精细化管理，会计改革与发展取得显著成绩：企业会计准则体系建成并得到有效实施，为规范市场经济秩序、促进资本市场的健康可持续发展、深化国有企业改革发挥了重要的基础性作用；企业内部控制规范体系构建完成，为应对国际金融危机、提升企业经营管理水平和风险防范能力奠定了坚实基础；医院、高校等事业单位会计改革取得重要进展，为深化政府会计改革积累了宝贵经验；认真贯彻《关于加快发展我国注册会计师行业的若干意见》（国办发［2009］56号）精神，深入实施做大做强“走出去”战略，注册会计师行业发展迈上了新台阶；发布可扩展商业报告语言（XBRL）技术规范系列国家标准和企业会计准则通用分类标准，会计信息化建设取得了重大突破；制定发布《会计行业中长期人才发展规划（2010——2020年）》，会计人才队伍建设取得了显著成效；会计理论研究硕果累累，具有中国特色和国际影响的中国会计理论体系初步形成；会计国际交流与合作全方位展开，我国会计准则国际趋同向纵深发展。

“十一五”时期会计工作取得的成绩来之不易，积累的经验弥足珍贵。一是坚持科学发展。牢固树立科学发展理念，从经济财政工作大局出发，充分发挥会计职能作用，促进经济社会又好又快发展。二是坚持以人为本。牢固树立以人为本的理念，通过建立公众参与、专家论证、集体决策、社会公示的会计管理机制，在会计工作中充分保证公共利益要求。三是坚持改革创新。解放思想、开拓创新，推出了若干会计改革的重要举措，实现了会计体制、机制、制度和理论的不断完善。四是坚持务实高效。认真履行《中华人民共和国会计法》赋予的神圣职责，科学分析会计工作面临的复杂形势，兢兢业业、埋头苦干、上下一心、齐抓共管，多项会计工作取得了历史性突破。五是坚持开放合作。立足国内、放眼世界，全方位开展会计国际交流与合作，积极融入国际会计事务，不断提升中国会计在国际会计舞台上的话语权和影响力。

同时，我们也清醒地看到，会计法制建设还不够完善，会计基础工作仍然薄弱；会计信息综合利用程度不够高，会计信息尚未得到市场的充分应用；会计人员队伍结构不合理，高级应用型、复合型会计人才缺乏；会计信息化管理体系不够健全，信息化服务会计改革与发展的作用有待加强；注册会计师行业结构布局还不够合理，人才建设、品牌建设、诚信建设、治理机制建设、国际网络建设还有待进一步加强；会计理论研究的前瞻性和对实践的指导不够，学术研究与企业的深度合作与协同创新有待加强。

二、"十二五"时期会计改革与发展面临的形势

"十二五"时期，我国经济社会发展仍处于重要的战略机遇期。会计工作既面临难得的历史机遇，也面临诸多风险挑战，推进会计改革与发展的任务艰巨而繁重。

我国会计改革与发展面临许多有利条件。从国内看，经济结构调整、发展方式转变和国有企业改革的深入开展，为进一步完善企业会计准则、会计信息化标准和企业内部控制规范，并推动其有效实施创造了有利条件；行政体制改革的不断深入，政务公开的持续推进，公共服务型政府的建设，有利于建立新型的政府会计标准；加快发展现代服务业和贯彻"走出去"战略为注册会计师行业发展提供了广阔舞台；贯彻落实国家人才发展和人才强国战略，为加强会计人才建设提供了有力政策保障；完善农村发展体制机制，加快社会主义新农村建设，有利于进一步加强农村会计管理工作。从国际看，新兴经济体和发展中国家的话语权逐步增强，有利于我国深入参与国际财务报告准则的制定；全球新一轮信息技术革命的浪潮助推信息技术的迅猛发展，为我国会计信息化建设及企业会计准则通用分类标准的稳步实施创造了良好环境。

我国会计改革与发展也面临一些不利因素的制约。从国内看，随着经济社会的快速发展，会计工作面临许多新情况、新问题，会计法制建设任务更加艰巨和复杂；我国经济结构调整和发展方式转变压力的增大，解决我国经济社会发展面临的一系列重大问题要求进一步推动会计理论创新。从国际看，后危机时期全球经济增长模式将出现深度调整，为应对后危机时期的挑战，要求我们扎实做好企业会计准则、内部控制规范、通用分类标准的贯彻实施工作；随着经济全球化、一体化进程的加快，进一步推动全球会计准则的趋同，需要我们全方位开展会计国际交流与合作。

在机遇与挑战并存、困难与希望同在的关键历史时期，我们要增强机遇意识和忧患意识，科学把握发展规律，主动适应形势变化，进一步深化会计改革与发展，全面提升会计管理水平，努力开创会计工作新局面。

三、"十二五"时期会计改革与发展的指导思想与总体目标

"十二五"时期，会计改革与发展的指导思想是：高举中国特色社会主义伟大旗帜，以邓小平理论和"三个代表"重要思想为指导，全面贯彻落实科学发展观，紧紧围绕科学发展主题和加快转变经济发展方式主线，以促进经济社会发展为目标，以提高会计信息质量为着力点，以改革创新

为动力，坚定不移地围绕会计法制、会计准则、审计准则、内部控制、会计鉴证、会计信息化、会计人才队伍建设、会计指数、会计理论研究等重要领域，实现会计工作全面、协调、可持续发展，更好地为经济社会服务。

“十二五”时期，会计改革与发展的总体目标是健全适应社会主义市场经济体制要求的会计体系：

一是健全以间接管理为主，推进依法管理，发挥地方、部门、基层单位和会计人员积极性和创造性的会计管理体系。

二是不断完善和强化实施与国际财务报告准则、国际审计准则及其他国际标准持续趋同，并与主要市场经济国家和经济体等效的企业会计、审计、内部控制和会计信息化标准体系，构建由企业会计准则体系和小企业会计准则体系组成的我国统一的企业会计标准体系。

三是健全与发展现代服务业、国际服务贸易和实施“走出去”战略相适应，大中小会计师事务所协调发展，执业领域不断拓展，能够持续提升行业社会公信力和诚信度的注册会计师行业管理体系。

四是健全以会计职业胜任能力框架为指导，能够全面提升会计队伍业务素质、诚信水平和结构优化的会计人才培养、选拔和评价体系。

五是建立健全适应社会主义新农村建设要求，有利于促进农村经济健康可持续发展的农村会计管理体系。

六是健全既具中国特色又有国际影响，对会计教育和会计实务具有指导作用的会计理论方法体系。

四、加强会计法律法规建设，不断提高会计管理工作法制化和规范化水平

1. 完善会计法律法规体系。坚持树立法治理念，推动《中华人民共和国会计法》（以下简称会计法）、《中华人民共和国注册会计师法》（以下简称注册会计师法）、总会计师条例等的修订工作，制定注册会计师法实施条例、持有中国注册会计师证书的境外人员担任境内会计师事务所合伙人或股东的管理办法，做好会计从业资格管理办法、会计师事务所审批和监督暂行办法、注册会计师注册办法、代理记账管理办法等规章的修订工作，加强会计规范性文件的制定、完善和管理，提高会计法规制度建设质量。

2. 夯实会计基础工作。健全会计基础工作制度体系，完善会计基础工作规范、会计信息化工作规范和会计档案管理办法，规范会计工作秩序，提高会计工作规范化水平。加强对代理记账机构的监督和指导。

3. 强化会计执法检查。组织开展会计法执法检查，做到会计工作有法必依、执法必严、违法必究，提高会计法遵从度。规范会计行政许可事项，树立会计服务意识、责任意识。

五、完善企业会计标准体系，持续提升企业会计标准体系的执行力和实施效果

4. 健全企业会计准则体系。根据加快转变经济发展方式的新要求、资本市场和国有企业改革发展的新情况以及国际财务报告准则的新变化，深入开展相关会计准则研究，不断完善企业会计准则体系，保持企业会计准则与国际财务报告准则的持续趋同，促进发挥企业会计准则在经济社会发展中的基础作用。加强企业成本管理，建立健全企业产品成本相关制度。

5. 建立健全小企业会计准则体系。规范和加强小企业会计工作，是贯彻落实国家有关扶持小企业政策的重要举措，对于提高税收征管质量，防范小企业信贷风险，促进小企业健康发展具有重要意义。适时发布实施小企业会计准则，并根据实际情况不断完善，构建包括小企业会计准则、应用指南等在内的小企业会计准则体系。

6. 全面实施企业会计标准体系。在上市公司和大中型企业范围内，实施企业会计准则。在小型企业范围内，实施小企业会计准则。相应废止行业会计制度、企业会计制度等原有企业会计处理规定。建立健全相关部门间企业会计标准实施的联动监管机制，形成各司其职、协调有序的格局；建立健全各级财政部门间的沟通协调机制，形成上下联动、齐抓共管的格局。创新企业会计标准实施的监管手段，加强企业会计标准后评估工作，总结做好上市公司年报分析工作，探索开展非上市大中型企业年报分析工作，研究开展小企业会计信息采集、分析工作，通过后评估促进完善企业会计标准体系，提升会计管理水平。

六、大力推进政府及非营利组织会计改革，不断提高财政科学化精细化管理水平

7. 全面推进事业单位会计改革。根据推进事业单位改革、促进事业单位健康发展的需要，借鉴国际经验，结合医院、高校会计改革成果，全面修订事业单位会计准则和事业单位会计制度，整合事业单位行业会计制度。

8. 建立健全政府会计准则体系。从我国实际情况出发，借鉴国际经验和我国企业会计改革的成功做法，建立健全以满足政府财务管理和财务信息需求为目标，以权责发生制为基础，包括基本准则、若干具体准则和应用指南在内的政府会计准则体系，不断提高公共财政管理科学化精细化水平。

9. 健全社会保险基金会计标准体系。适应社会保障体制改革的需要，深入调查了解养老、失业、医疗等社会保险基金会计制度的实施情况，适时修订或制定相关会计制度，保障社会保险基金安全，提高基金管理水平，促进社会保险事业健康发展。

10. 完善民间非营利组织会计标准。配合社会事业发展的需要，持续跟踪了解基金会、社会团体以及民办医疗、教育等民办非企业单位等方面会计制度的实施情况，及时解决存在的问题，并根据新业务、新情况适时修订民间非营利组织会计制度，促进社会事业健康发展。

七、完善内部控制规范体系，稳步推进内部控制规范体系有效实施

11. 构建行政事业单位内部控制规范体系。推进行政事业单位等非企业内部控制规范建设，以立足财政部门职责、突出行政事业单位特点为基点，制定行政事业单位内部控制规范，促进行政事业单位加强风险防范和内部控制，提高会计信息质量，保护资产安全完整，预防违法违纪腐败行为的发生。

12. 抓好企业内部控制规范体系的贯彻实施工作。加强与有关政府部门的沟通协调，大力推动内部控制规范体系在全社会范围内更加广泛地发挥作用。指导各地制定本地区企业内部控制规范贯彻实施方案，及时掌握地方贯彻实施内部控制规范的进展情况，确保企业平稳有效实施。发挥中介机构在建立企业内部控制规范体系中深入参与的作用，为企业内部控制制度建设提供鉴证、咨询服务。

13. 加强企业内部控制经验宣传推广。通过有奖征文、经验交流、知识大赛等形式，总结推广先进经验和做法，在全社会形成加强企业内部控制建设的良好氛围，推动企业自觉加强内部控制建设。不断总结完善企业内部控制规范体系，会同相关部门研究拟订金融、保险、证券行业的内部控制规范体系，研究解决实施中存在的制度建设问题。

八、全面推进会计信息化建设，为会计科学化精细化管理提供助力

14. 建立健全会计信息化管理体系。根据我国会计信息化发展战略，研究制定会计信息化工作规范，努力实现会计管理和会计监督的信息化，逐步建立政府规划指导并组织推动，单位主动参与并具体实施，社会积极响应并相互配合，职责清晰、分工明确、相互促进、共同提高的会计信息化管理体系。

15. 推进会计信息化标准体系建设和实施。成立全国会计信息化标准化技术委员会，推进会计信息化领域的标准化工作，形成一套涵括 XBRL

技术规范系列国家标准、企业会计准则通用分类标准和会计工作相关业务流程的会计信息化标准体系。扎实推进通用分类标准在企业和会计师事务所的平稳实施，逐步推进实施企业会计准则的企业全面实施通用分类标准，稳步推动通用分类标准在银行监管、证券监管和其他监管领域的扩展应用，提高会计信息资源开发、利用与共享能力。

16. 加快企事业单位会计信息化建设步伐。进一步推动企事业单位整合提升内部信息系统，逐步实现会计基础工作信息化、会计准则制度信息化、内部控制信息化、财务报告与内部控制评价报告信息化等，为对外报告和内部管理提供更有力的决策支持。

17. 推进会计师事务所审计信息化建设。逐步实现财务报告审计和内部控制审计信息化、内部管理信息化，全面提升会计师事务所的管理水平和执业能力。

18. 逐步建立统一的会计相关信息平台。为了实现会计信息数出一门、资源共享的目标，逐步构建以企事业单位标准化会计信息为基础的统一相关会计信息平台，以详细标记的企业会计信息为基础，促进监管信息互联互通、信息共享，向社会公众提供简单经济、易于理解、方便使用的企业报告数据，并为宏观经济管理和财政科学化、精细化管理提供支持。同时，逐步培育一个为相关单位提供软硬件产品、技术服务和咨询服务，服务质量上乘、社会声誉良好、发展前景广阔的会计信息化服务产业。

九、推动注册会计师行业做强做大，服务经济发展大局

19. 促进注册会计师行业总体规模实现新跨越。全面贯彻落实国办发[2009]56号文件精神，促进我国注册会计师行业收入规模、执业注册会计师人数和从业人员队伍大幅增长，行业可持续发展的物质基础、人才基础进一步夯实。力争到“十二五”期末，行业总收入再翻一番，执业注册会计师达到12万人左右，具有国际认可度的注册会计师队伍达到600人左右，适应高端性、前沿性新业务需要的优秀骨干人才达到5000人左右，会计师事务所的发展更好地适应资本市场和经济社会发展的需要，更好地发挥注册会计师行业在引导资源合理配置、维护市场经济秩序和社会公众利益等方面的基础性作用。

20. 构建大中小会计师事务所协调发展的合理布局。继续采取多种切实有效的政策措施，重点扶持10家左右大型会计师事务所加快发展，积极促进200家左右中型会计师事务所健康发展，科学引导小型会计师事务所规范发展，着力形成大中小会计师事务所执业领域各有侧重、服务对象各有倾斜、市场定位各有特色、地域分布较为合理、业务竞争公平有序的合理布局。坚定不移地推进会计师事务所优化重组、强强联合，积极稳妥开展大型会计师事务所业务范围多元化、产业集群集团化发展试点，有效发挥从事H股审计业务的大型会计师事务所在重组联合中的引领积聚作用。

21. 建立健全标准科学、监管严密的准入制度和退出机制。适应资本市场发展要求，建立准入条件与业务考核相结合，动态调整、有进有出、公平竞争的证券资格管理制度。继续强化注册会计师行业行政监管，依法审批会计师事务所，规范合伙人、股东和注册会计师资格管理，升级完善注册会计师行业管理信息系统，提高行业监管效能和行业服务水平。完善会计师事务所综合评价制度，探索会计师事务所分级分类管理制度，切实加强对会计师事务所、注册会计师持续符合设立条件和任职资格的监督检查，加大总分所一体化情况和执业质量检查力度，不断提升注册会计师行业的社会公信力和诚信度。

22. 加大促进注册会计师行业发展的政策扶持和引导力度。将注册会计师行业列入我国现代服务业和服务贸易"十二五"规划，研究制定落实相关发展规划的指导意见。积极争取国务院有关部门的支持，在优秀人才引进与合理流动、从业人员培养培训、国际服务贸易供需对接、税收政策、境外执业、外事外汇、服务收费、执业壁垒破除、发展环境优化等方面取得明显进展。特别要针对10家左右大型会计师事务所研究制定一系列扶持政策，坚持扶持与监管并重、做大与做强并举、品牌建设与信息化建设并进，使至少3家本土大所迈入世界前20强之列，至少10家本土大所在境外设立100个左右业务机构，初步构建品牌标识统一、资源信息共享、质量监控一体、管理运作高效的全球执业网络，显著增强我国注册会计师行业在全球会计行业中的竞争力、影响力和话语权。积极稳妥推进中外合作会计师事务所本土化转制工作，在我国法律框架和统一市场规则下公平竞争。

23. 大力拓展注册会计师行业新业务新领域。积极促进注册会计师业务范围向企事业单位内部控制、管理咨询、并购重组、资信调查、专项审计、业绩评价、司法鉴定、投资决策、低碳环保评估、政府购买服务、国际服务贸易等相关业务领域延伸，基本建立公立医院、高校、公益性慈善机构等非营利组织注册会计师审计制度，深化、做实会计服务示范基地建设，推动大中型会计师事务所业务拓展和转型升级，审计、咨询、税务业务全面协调发展。以中外审计公共监管等效和建设多层次资本市场为契机，加快推动我国具备条件的会计师事务所在全球主要资本市场从事上市公司会计审计业务。

十一、进一步加强农村会计工作，服务社会主义新农村建设

33. 加强村级会计委托代理服务工作。进一步完善村级财务会计管理体制，建立健全村级会计委托代理服务机构，完善代理服务的日常管理规章制度，探索建立电算化工作模式和会计师事务所会计委托代理服务工作模式下的制度要求和管理规范，确保会计委托代理服务工作顺利有效开展。

34. 规范农村会计基础工作。在村民自愿的基础上，遵循村级资产所有权、使用权、审批权、收益权不变的原则，通过采取资金、账务"双委托、双管理"的模式，规范农村会计基础工作，实现统一资金账户、统一报账时间、统一报账程序、统一会计核算、统一档案管理，达到村级各项资金和日常开支的规范管理和规范使用。

35. 加强农村会计从业人员队伍建设。加强和规范对村出纳（报账员）和代理服务机构人员的管理，逐步实现村出纳（报账员）经民主程序产生并向代理服务机构备案、经业务培训考核合格后才能上岗的制度，逐步做到代理服务机构人员持有会计从业资格证书上岗。重视和加强农村会计人员职业教育。建立健全财政部门归口管理农村会计人员体制机制。

十二、加强会计理论研究，为会计改革与发展提供理论支持

36. 进一步完善符合中国实际并具有国际影响力的会计理论和方法体系。围绕会计改革和发展的需要，着力推动会计及相关法规制度建设、会计指数、环境会计、上市公司国际板审计及跨境监管合作、会计教育教学与人才培养等相关问题研究。在合理借鉴国外有益成果的基础上，通过开展重大项目、重点课题研究，鼓励结合中国实践进行会计理论和方法创新，努力增强会计学术活力，促使会计在经济与社会生活中发挥更大影响。

37. 组建政产学研战略联盟。以高校为依托，以产业为载体，通过组建若干政产学研相结合的研究中心，发挥高校师资、科研、学科建设等方面的优势，利用有关企业应用实践便利、消化吸收迅速、信息反馈准确等条件，搭建理论与实践有机结合、相互促进的平台，推动企业与高等院校、科研院所之间的理论知识交流和技术转移，促进会计理论研究和实务工作良性互动。

38. 加强会计学术队伍组织建设。进一步发挥中国会计学会在会计理论研究领域的主导作用，实行上下联动、横向互动、全国一盘棋的工作机制，同时发挥全国各省级会计学会的基础作用，实现各级各类会计学会之间优势互补、密切配合、共同提高的发展目标。搞好会员服务，充实会员服务内容，提高会员服务水平，搭建政府主管部门、会员和有关方面之间的交流互动平台，为推动会计理论繁荣和学术进步提供组织保障。

十三、深化会计对外交流与合作，全面提升中国会计国际影响力

39. 继续积极参与国际财务报告准则基金会各层面事务。充分发挥中国受托人、国际会计准则理事会理事、国际财务报告准则解释委员会委员和咨询委员会委员的作用，争取加入国际财务报告准则基金会监督委员会；充分利用亚洲－大洋洲会计准则制定机构组、国家会计准则制定机构会议、世界会计准则制定机构会议、中日韩会计准则制定机构会议、国际会计准则理事会新兴经济体工作组联络办公室等平台，共同研究专业技术问题，协调立场，交流经验，为我国会计准则建设和国际趋同工作创造有利的国际环境；顺应我国企业“走出去”和资本市场对外开放的需要，通过中欧财金对话、中美战略与经济对话等机制，努力实现中欧会计准则最终等效，推动中美会计准则等效相关工作，探索与其他主要国家或地区资本市场会计准则等效工作；扎实做好国际会计准则理事会新兴经济体工作组联络办公室工作，携手各有关新兴经济体国家，共同影响国际会计准则的制定。

40. 促进注册会计师行业国际交流与合作继续向纵深发展。进一步加强与注册会计师行业国际组织、区域性组织和主要市场经济国家及地区组织的联系与沟通，推荐更多优秀人才在国际组织、区域性组织任职；按照公平互利的原则，在会计审计准则趋同等效和公共审计监管等效的基础上，推动我国与主要市场经济国家和地区会计服务市场对等开放；积极支持我国会计师事务所“走出去”和国际会计公司依法有序“走进来”，构建合法经营、公平竞争、相互促进、监管到位的注册会计师行业国际化发展大格局。

41. 深化会计信息化国际合作与交流。积极开展与 XBRL 国际组织、国际财务报告准则基金会、其他国家会计信息化标准或电子财务披露标准制定机构的合作与交流，积极参与财务报告领域信息化标准的制定和国际合作项目，推动企业会计准则通用分类标准与国际财务报告准则分类标准的持续趋同，推动 XBRL 国际组织、国际财务报告准则基金会等相关国际组织认可通用分类标准，使通用分类标准和据此生成的我国企业 XBRL 数据得到国际主要资本市场认可。

42. 充分利用我国学术界与美、加、韩等国会计学术交流机制。积极扩大与美、欧、亚、澳等地区的学术交流与合作内容，努力提高中国会计理论研究水平，全方位提升中国在国际学术界的影响力。

十四、按照中央有关部署，扩大对港澳台会计合作的广度与深度

43. 持续深化与港澳台会计审计准则趋同（等效）工作。按照内地与香港会计审计准则持续等效工作机制，继续相互交流两地会计审计准则最新进展并研究对两地准则持续等效的影响，深化两地会计审计磋商机制。加强与澳门会计界的联系和交流。根据大陆与台湾更紧密经贸关系安排，就海峡两岸会计审计准则趋同等效等问题与台湾有关方面进行交流与磋商；充分利用对台会计合作与交流基地等，做好与台湾会计界的沟通和联系，积极服务好两岸经贸，促进两岸经济共同发展。

44. 不断加强与港澳台注册会计师行业层面的交流与合作。不断深化《内地与香港关于建立更紧密经贸关系的安排》、《内地与澳门关于建立更紧密经贸关系的安排》（CEPA）以及海峡两岸经济合作框架协议（ECFA）下注册会计师行业的交流合作，促进内地与港澳、大陆与台湾扩大合作成果、实现互利共赢。

十五、健全管理体制，加强组织领导

45. 不断健全会计管理体制。根据会计法、注册会计师法的有关规定，按照统一领导，分级管理的原则，明确中央与地方各级会计管理机构的职责范围和权限。特别是市、县级财政部门会计管理机构，应当在组织开展各类会计资格考试、会计人员继续教育培训、会计从业资格信息采集与登记等基础上，进一步加强对农村村级会计委托代理服务的管理，做好会计准则制度、企业内部控制、会计信息化、行政事业单位会计制度等实施情况的信息搜集汇总分析等工作。

46. 进一步促进各级会计管理机构与会计工作组织协调发展。充分发挥各级会计管理机构、会计考试中心、协会、学会、监督检查机构、中华会计函授学校等机构在会计工作方面的作用，建立健全有利于调动各方面积极性，协调上下左右关系，促进提高会计信息质量和会计工作整体服务效能的会计管理体制，形成各司其职、各尽其责、密切配合、齐抓共管的工作格局。

47. 加强会计管理队伍素质建设。“十二五”期间，财政部将加强对全国各级会计管理机构队伍的指导和管理，计划对省级财政部门会计管理机构和中央会计主管部门会计管理人员轮训一次。各地区、各部门要进一步健全会计管理机构，充实会计管理人员，定期开展对会计管理人员的教育培训，不断提高会计管理队伍的综合素质，为会计改革与发展提供有力的人才保障。

48. 统一思想，提高认识。各级财政部门和中央有关主管部门要切实加强对会计管理工作的组织领导，不断巩固会计管理的基础性地位，推动《规划》的有效贯彻实施，促进本地区、本部门会计管理工作水平不断迈上新台阶。

49. 营造《规划》实施的良好社会环境。各级财政部门和中央有关主管部门应大力宣传《规划》的重大意义、指导思想、目标任务和政策措施，会计行业网站、报刊、杂志等媒体应采取多种形式报道宣传《规划》的有关内容，为加强会计管理、深化会计改革创造有利条件和营造良好氛围。

50. 建立《规划》实施的监督检查机制。各级财政部门和中央有关主管部门要对《规划》实施情况进行跟踪了解和督促检查，针对实施过程中发现的新情况、新问题，及时采取有效措施，确保会计改革与发展扎实推进，取得实效。各地区、各部门可根据本《规划》，结合实际制定具体实施意见。

解读

《会计改革与发展“十二五”规划纲要》

财政部会计司负责人

一、《会计改革与发展“十二五”规划纲要》制定的背景和重要意义

国家“十二五”规划明确了今后五年经济社会发展的主要目标，为新形势下全国人民努力奋斗、全面建成小康社会指明了方向。我国会计改革与发展置身这一时代背景，肩负着为实现国家“十二五”时期经济社会发展目标做出应有贡献的时代使命。

会计作为经济社会发展的基础性工作，对社会主义市场经济体制的建立和不断完善，对资本市场的培育发展和国有企业的改制重组，对优化投资环境和提高资源配置效率，对保障经济信息质量和增强国内外投资者信心等，发挥了重要作用。在此过程中，会计的内涵和外延不断丰富和扩大，会计服务企业发展的理念、内容、方式和范围等也不断创新和发展，会计工作呈现了欣欣向荣的局面，会计作用也越来越突出。随着经济全球化趋势的日益加深，我国“引进来”、“走出去”战略的深入实施，社会主义市场经济的不断深化和多层次资本市场的改革完善，特别是企业重组的活跃、海外并购的提速、中小板的推出和国际板的酝酿，进一步扩充了会计职业的空间领域和会计服务的市场需求，对会计改革与行业

发展提出了新希望、新要求。

要把握好党中央、国务院对会计行业提出的新希望，满足好经济社会发展对会计行业提出的新需求，适应好全球会计行业呈现的新趋势，会计工作必须紧紧扎根于经济社会发展，坚决服从于人才强国战略、信息化发展战略等一系列国家战略，坚持服务于市场经济发展和企业进步，密切关注于国内新兴市场需求和国际经济社会形势。基于以上思路，根据党中央、国务院提出的新任务新要求，在深刻分析当前国际国内形势和会计行业特点、发展现状的基础上，《会计改革与发展“十二五”规划纲要》（以下简称《规划》）确立了“十二五”时期会计改革与发展的指导思想、总体目标和任务措施。

《规划》的发布实施，对于进一步深化会计改革，推动会计事业持续稳定健康发展，更好地发挥会计在促进经济社会发展中的基础性作用，具有十分重要的意义。首先，《规划》的实施为会计改革发展提供了重要机遇。目前，我国会计发展中不平衡、不协调、不可持续问题依然突出，制约会计科学发展的体制机制障碍依然较多，全球各国围绕会计技术、会计标准、会计人才等方面的竞争更加激烈，我国会计发展的外部环境更趋复杂。应该说，《规划》的发布实施坚定了新时期加强会计行业建设的信心和决心，将会计工作提升到了新的战略高度，为会计行业发展注入了强大动力。其次，《规划》的实施为会计改革发展指明了方向目标。《规划》审时度势，在充分考虑我国经济社会发展需要，结合我国会计行业发展现状的基础上，确立了会计改革与发展的总体目标，即健全适应社会主义市场经济体制要求的会计体系。围绕这一目标，提出健全六大会计体系，涵括了会计工作的方方面面。再次，《规划》的实施为会计改革发展提供了政策支持。《规划》针对我国会计改革发展中亟待解决的重大问题，提出了十二个方面的具体任务及相应的政策措施，为妥善解决当前制约我国会计行业发展的问题提供了有效途径。

二、会计工作政策性强、涉及面广，如何确保《规划》的科学、合理性

财政部高度重视《规划》的制定工作，从2010年9月就启动了《规划》的研究起草工作，大致可分为以下几个阶段：一是部署准备阶段（2010年9月至2010年10月），制定《规划》编制工作方案，成立工作小组，落实职责分工，搜集相关资料。二是调查研究阶段（2010年10月至2010年12月），开展大量专题调研，形成调研报告，为起草《规划》提供依据和参考；多次召开地方会计管理口

片会和有关部门座谈会，就“十二五”时期会计工作的若干重大问题进行了深入讨论。三是研究起草阶段（2010年12月至2011年1月），在前期准备的基础上，完成《规划》的起草工作，勾勒出《规划》的框架结构，初步确定了“十二五”时期会计改革与发展的指导思想、总体目标和任务措施。四是征求意见和修改完善阶段（2011年1月至2011年8月），先后组织征求了省级财政部门、中央有关部门、部内相关司局的意见，并面向全社会广泛征求意见，充分采纳和吸收了相关部门和单位提出的合理建议，不断丰富和完善《规划》内容，最终完成了《规划》的编制工作。在《规划》制定过程中，我们认真学习了国家“十二五”规划和国家财政“十二五”时期的有关要求，特别注重与国家及相关部门的规划紧密衔接，力求使规划更具科学性、指导性和前瞻性。可以说，《规划》是在财政部党组的正确领导下，经过深入的调查研究和广泛的征求意见后形成的，是全国会计管理系统和社会各方面集体智慧的结晶。

三、《规划》确定了“十二五”时期会计改革与发展的指导思想

根据国家“十二五”规划和国家财政“十二五”时期的总体要求，《规划》制定了“十二五”时期会计改革与发展的指导思想：高举中国特色社会主义伟大旗帜，以邓小平理论和“三个代表”重要思想为指导，全面贯彻落实科学发展观，紧紧围绕科学发展主题和加快转变经济发展方式主线，以促进经济社会发展为目标，以提高会计信息质量为着力点，以改革创新为动力，坚定不移地围绕会计法制、会计准则、审计准则、内部控制、会计鉴证、会计信息化、会计人才队伍建设、会计指数、会计理论研究等重要领域，实现会计工作全面、协调、可持续发展，更好地为社会经济服务。

贯彻落实上述指导思想，要着重把握好以下四点：

坚持以科学发展为主题。以科学发展为主题，是时代的要求，关系改革开放和现代化建设全局。在当代中国，发展是解决我国所有问题的关键，也是突破我国会计行业瓶颈的有力武器。如会计高端人才缺乏的问题，注册会计师行业难以满足市场需求的问题，会计信息化水平不高制约企业发展的问题，事业单位、农村会计基础工作薄弱的问题，等等。这些长期存在的问题和矛盾必须紧紧依靠科学发展，妥善解决，实现突破。

坚持以加快转变经济发展方式为主线。加快转变经济发展方式是推动科学发展的必然选择，是应对国际金融危机冲击的迫切需要，是解决我国发展中深层次矛盾和问题的根本途径，也是赢得未来竞争主动权的战略之举。会计工作是经济发展中的基础性工作，解决会计改革发展中存在的问题和制约因素，必须紧紧围绕加快转变经济发展方式的主线。

坚持以改革创新为动力。改革是不断解决发展中的矛盾和不断推进社会前进的过程，会计事业要取得进步，就要坚持不懈地深化改革，坚定不移地大胆探索、勇于创新，在实践中积累经验，不断提高改革决策的科学性、增强改革措施的协调性，推进会计各领域、各体系之间相互促进，有序发展。

坚持以实现会计工作全面、协调、可持续发展为落脚点。协调好全局和重点。“十二五”时期，会计改革发展需要解决的问题很多，要在抓好全局工作的同时，着力在重要关键环节上取得突破，从而带动全局发展。统筹好国内和国际。既要顺时应势，扩大会计准则在国内的实施范围；又要加强互动，扩大中国会计准则的国际影响。兼顾好当前和长远。既要立足当下，建立健全会计法律法规；又要把握未来，对会计改革发展的热点问题进行前瞻性研究。

四、《规划》提出了“十二五”时期会计改革与发展的总体目标，具体包括六大体系

在综合考虑未来国内国际发展趋势和条件的基础上，《规划》提出了“十二五”时期会计改革与发展的总体目标：健全适应社会主义市场经济体制要求的会计体系，具体包括会计管理体系、会计标准体系、注册会计师行业管理体系、会计人才培养选拔和评价体系、农村会计管理体系、会计理论方法体系。这六大体系的提出，有几个突出特点：

与提高财务报告信息质量紧密衔接。公开透明、高质量的会计信息，有利于降低市场交易成本、促进资金有效流动、推动产业升级、避免无效投资和资源浪费，有利于深化企业改革、金融改革和促进资本市场的健康发展，是完善社会主义市场经济体制的必然要求。“十二五”时期，需要不断完善会计法律法规和会计标准体系，进一步规范会计行为，不断提高财务报告信息质量。因此，《规划》提出，完善企业会计标准，建立政府会计准则，完善民间非营利组织会计标准，完善内部控制规范，推进会计信息化建设等若干任务，最终形成一套科学、全面、系统的，符合国际惯例的会计标准体系，在“十二五”时期，实现财务报告信息质量的全面提升，有效维护社会公众利益，有力规范市场经济秩序。

与行业规划和发展意见紧密衔接。《会计行业中长期人才发展规划（2010－2020年）》确立了2020

年我国会计人才发展的战略目标：培养和造就一支规模宏大、结构优化、素质较高、富于创新、乐于奉献的会计人才队伍，确立我国会计人才竞争优势，建设国际一流的会计人才队伍，为在21世纪中叶实现社会主义现代化奠定会计人才基础。《规划》紧紧围绕这一目标，提出未来五年要健全以会计执业胜任能力框架为指导，能够全面提升会计队伍业务素质、诚信水平和结构优化的会计人才培养、选拔和评价体系，为实现会计人才发展的战略目标奠定坚实基础。国务院办公厅转发财政部《关于加快发展我国注册会计师行业的若干意见》（国办发［2009］56号），提出力争通过5年左右的时间，努力实现会计师事务所的规模结构优化合理，会计师事务所执业领域大幅度拓展，会计师事务所执业环境显著改善，会计师事务所组织形式、治理机制和管理制度更加科学，注册会计师队伍职业道德水平和专业胜任能力显著提高。在此基础上，《规划》提出了健全与发展现代服务业、国际服务贸易和实施“走出去”战略相适应，大中小会计师事务所协调发展，执业领域不断拓展，能够持续提升行业社会公信力和诚信度的注册会计师行业管理体系的目标。

与经济社会发展的重大问题紧密衔接。党的十六届五中全会提出要建设社会主义新农村，新农村建设是我国总体上进入以工促农、以城带乡的发展新阶段后面临的新课题，是时代发展和构建和谐社会的必然要求。强农惠农，加快社会主义新农村建设是我国“十二五”时期的一项重大任务，农村会计工作在新农村建设中发挥着不可或缺的基础性作用。因此，《规划》提出要建立健全适应社会主义新农村建设要求，有利于促进农村健康可持续发展的农村会计管理体系，为进一步夯实农业农村发展基础发挥积极作用。

这六大体系并非各自独立的，而是相互关联、相互影响、相互促进的。六大体系相互作用，共同构成了内涵丰富的中国会计体系。会计管理体系的建立健全对其他会计体系的发展具有重要的基础性作用，会计人才培养、选拔、评价体系和企业会计标准体系的健全完善为其他会计体系提供了重要的人才和技术保障，注册会计师行业管理体系的加快发展为其他会计体系的顺利实施提供了重要的服务保障，农村会计管理体系拓展了其他会计体系改革与发展的新领域，会计理论方法体系的不断完善对其他会计体系的建设具有支撑和先导作用。

《规划》提出的总体目标，系统完整、重点突出、催人奋进，经过全国会计人员、注册会计师、会计管理工作者的共同努力和奋斗是完全可以实现的。实现“十二五”

时期会计改革与发展的目标，将使我国会计工作的内涵更加丰富，生命更加旺盛，活力更加充沛，魅力更加突显，发展更加和谐，将实现我国会计行业新一轮跨越式发展。

五、《规划》提出了实现“十二五”时期会计改革与发展目标的若干任务措施

根据“十二五”时期会计改革与发展的总体要求，《规划》明确了“十二五”时期主要做好以下方面的工作：

着重抓好法制建设。“十二五”时期，会计法制工作要在已有会计法律法规体系的基础上，坚持科学立法、民主立法，着力抓好促进科学发展、深化改革开放、保护投资环境、保障和改善民生、维护市场经济稳定等方面所急需法律法规的制定或修改工作，力求体现规律要求、适应时代需要、符合人民意愿、解决实际问题。将着力做好《会计法》、《注册会计师法》、《总会计师条例》等的修订工作，不断推动会计管理工作法制化、规范化。

着重抓好依法行政。推进依法行政，弘扬社会主义法治精神，是党的十七大为适应全面建设小康社会新形势、推进依法治国进程而提出的一项战略任务。“十二五”时期，会计工作要严格依照法定权限和程序行使权力、履行职责，推进管理方式创新，加强行政决策程序建设，切实把政府职能转变到经济调节、市场监管、社会管理、公共服务上来，着力保障和改善民生；要更加注重行政监督和问责，完善监督体制机制，全面推进政务公开，切实为人民掌好权、用好权。

着重抓好标准建设。“十二五”时期，将完善企业会计审计准则体系，修订事业单位会计准则和制度，健全政府会计准则体系；完善内部控制规范体系，加快会计信息化标准建设，加大会计标准的实施力度，不断适应财政发展改革和市场经济发展的需要。

着重抓好人才建设。今后五年，将继续实施会计行业人才规划：加强会计从业资格管理，深化会计职称制度改革，完善会计人员继续教育制度，加快会计领军人才培养，推动会计人才流动配置，强化总会计师地位和职能，推动会计专业学位研究生培养工作，健全会计人员评选表彰机制，全面提升会计人才队伍整体素质，为经济社会健康发展提供坚实的人才保障和智力支撑。

着重抓好注册会计师管理。全面深入贯彻国办发56号文件，构建大中小会计师事务所协调发展的合理布局，建立健全标准科学、监管严密的准入制度和退出机制，促进出台行业扶持政策，拓展行业新业务新领域，加强行业诚信建设和治理机制建设，更好地发挥注册会计师行业在引导资源合理配置，维护市场经济秩序和社会公众利益等方面的作用。

着重抓好对外交流。我们将在未来五年，继续深入参与建立全球统一的、高质量的会计标准，加强注册会计师行业、会计信息化、会计理论研究等方面的国际交流与合作，持续深化与港澳台会计审计准则的趋同（等效）以及注册会计师行业层面的交流与合作，全面提升我国会计国际影响力。

着重抓好理论建设。“十二五”时期，将推动会计相关法律制度建设、会计指数、环境会计、上市公司国际板审计及跨境监管合作、会计教育教学与人才培养等问题研究，组建政产学研战略联盟，促进会计理论研究与实务工作良性互动。

着重抓好自身队伍建设。《规划》提出，要明确中央与地方各级会计管理机构的职责范围和权限，促进各级会计管理机构与会计工作组织协调发展，健全会计管理机构、充实会计管理人员、定期开展对会计管理人员的教育培训，不断提高会计管理队伍的综合素质。

上述任务措施是在充分考虑各方利益和权益的基础上提出的。我国会计工作涉及面广、社会影响力大，会计政策制定发布必须要坚持为国理财，为民服务的宗旨，综合考虑，兼顾各方利益。比如，为维护我国国家利益和企业权益，在推动我国企业会计准则与国际财务报告准则持续趋同工作中，要坚持既符合中国国情、又与国际趋同的改革思路，使我国企业会计准则真正成为全球公认的高质量准则，为中国企业海外上市、中国会计师事务所拓展国际业务提供便利条件；积极参与国际准则制定和修订工作，扩大我国话语权和影响力，使国际会计组织和发达国家在制定相关制度时充分考虑中国国家和企业诉求。又如，为维护企业、投资者、债权人以及其他利益相关者的合法权益，《规划》提出，加强内控规范体系建设，推动成本核算与管理规范建设。通过相关制度建设，促使企业加强内部管理，有效控制成本，提高企业经济效益，增强风险防范能力、市场竞争能力和反倾销应对能力。再如，为保障和改善民生，《规划》提出，推动政府和非营利组织会计改革，促进公共财政建设和社会公益事业发展；推动医院和基层医疗机构会计制度的组织实施，推动高校会计制度改革，为教育、社会保障、医药卫生等重大民生工程的顺利实施做好管理和服务；推动政府和非营利组织开展内控建设、加强内部管理，提高资金的使用效率和效果，确保公共资金在保障和改善民生方面最大限度发挥作用。

上述任务措施是在科学总结我

国会计改革发展实践的基础上提出的。近年来，各地区和有关部门按照财政部的要求，结合自身实际创造性开展工作，为推动会计管理改革，促进会计和谐发展，积累了许多好做法好经验。比如有的地区超前谋划，加强信息化建设，推进会计管理工作科学化精细化，实现会计从业资格考试无纸化；有的地区积极探索，进行会计管理创新，推行建账监管工作，解决了部分单位不设账、乱设账、多套账等问题；有的地方抓住机遇，推动医院、高校配备总会计师，加强事业单位财务管理工作；有的地区多方协调，联合有关单位共同推动设立正高级会计专业技术资格；等等。通过不断的探索和实践，各地区和有关部门创造了丰硕的发展成果，积累了宝贵的改革经验。所有这些可贵探索和鲜活实践，为制定《规划》提供了丰富的思想营养。《规划》中的一系列政策措施，正是在尊重各地首创精神，汇聚各方实践创造的基础上提出和确定的。

上述任务措施着力解决我国会计改革发展中存在的突出矛盾和主要问题，具有较强的针对性和现实性。比如，随着社会主义市场经济的逐步完善和我国经济与全球经济的进一步融合，企业面临的内外部环境发生了深刻变革，总会计师地位、作用发挥受限等问题比较突出，总会计师的职责权限、任职条件、应发挥的作用等都需要重新探讨和认识，总会计师已不能再局限于传统计划经济体制下的角色，而需要肩负新的更大的使命，更加深入地参与单位的经济管理和战略决策。针对这一问题，《规划》提出，推动修订《总会计师条例》，建立总会计师资格认证制度，推动设立大中型企业和行政事业单位设置总会计师，强化总会计师地位和职能。又如，《行政许可法》出台后，取消了会计从业资格证书的年检制度，会计人员的继续教育工作缺少了有力抓手。针对这一突出矛盾，《规划》提出，要实行会计人员继续教育学分制度，创新和丰富会计人员继续教育内容和手段，积极探索远程网络化教学等现代化培训方式。再如，经济全球化、贸易自由化推动各国会计师事务所“走进来”与“走出去”逐步成为常态，与之相适应，我们不仅要完善我国的相关法律和监管制度，修订《注册会计师法》，制定《注册会计师法实施条例》、持有中国注册会计师证书的境外人员担任境内会计师事务所合伙人或股东的管理办法等，更要打造具有优质强势品牌的会计师事务所，培养高端型、复合型、国际化、年轻化的注册会计师，更好地发挥注册会计师行业在引导资源配置、维护市场经济秩序和社会公众利益等方面的基础性作用。

六、《规划》的贯彻落实

《规划》已经印发省级财政部门和中央有关主管部门，并在全社会广泛宣传。下一步，财政部将着力抓好以下工作：

加强宣传，营造《规划》实施的良好环境。财政部将联合各地财政部门和中央有关主管部门大力宣传《规划》的重大意义、指导思想、目标任务和政策措施。同时，将在会计行业网站、报刊、杂志等媒体采取多种形式报道宣传《规划》的有关内容，为加强会计管理、深化会计改革创造有利条件和营造良好氛围。

结合实际，推动制定《规划》的具体实施意见。《规划》印发后，各地财政部门和中央有关主管部门会计管理机构正在根据《规划》的有关精神，认真分析本地区、本部门的会计工作实际，抓紧制定本地区、本部门的具体贯彻实施意见。财政部将进一步指导各地财政部门和中央有关主管部门总结成绩经验，科学制定实现“十二五”时期会计改革与发展目标的具体措施。

抓好落实，建立《规划》实施的监督检查机制。财政部将根据《规划》提出的总体目标和主要任务，制定实施方案和时间表，确定每年的工作重点和需要解决的关键问题，明确分工，落实责任，建立后评估机制，确保各项政策措施落到实处。同时，财政部将跟踪了解各地财政部门和中央有关主管部门对《规划》的实施情况，针对实施过程中发现的新情况、新问题，及时采取有效措施，确保会计改革与发展扎实推进，取得实效。

扬帆“十二五”，起航新征程。在新的历史起点上，全国各级财政部门、中央有关主管部门、会计人员、注册会计师要深入贯彻落实科学发展观，认真贯彻执行《规划》，锐意改革，开拓创新，更好地服务经济社会发展，为实现“十二五”时期的目标任务，全面建设小康社会和构建社会主义和谐社会做出新的更大的贡献。

国家食品药品监督管理局

关于印发《医疗机构药品监督管理办法（试行）》的通知

2011年10月11日　　国食药监安［2011］442号

各省、自治区、直辖市食品药品监督管理局（药品监督管理局），新疆生产建设兵团食品药品监督管理局：

为加强医疗机构药品监督管理，健全药品质量保证体系，强化医疗机构药品质量意识，保障人民群众用药安全，依据《中华人民共和国药品管理法》、《中华人民共和国药品管理法实施条例》，国家食品药品监督管理局制定了《医疗机构药品监督管理办法（试行）》，现予印发，请遵照执行。

附：

医疗机构药品监督管理办法（试行）

第一章　总　　则

第一条　为加强医疗机构药品质量监督管理，保障人体用药安全、有效，依据《中华人民共和国药品管理法》（以下简称《药品管理法》）、《中华人民共和国药品管理法实施条例》（以下简称《药品管理法实施条例》）等法律法规，制定本办法。

第二条　本办法适用于中华人民共和国境内医疗机构药品质量的监督

管理，医疗机构购进、储存、调配及使用药品均应当遵守本办法。

第三条 国家食品药品监督管理局主管全国医疗机构药品质量监督管理工作，地方各级药品监督管理部门主管本行政区域内医疗机构药品质量监督管理工作。

第四条 医疗机构应当建立健全药品质量管理体系，完善药品购进、验收、储存、养护、调配及使用等环节的质量管理制度，做好质量跟踪工作，并明确各环节中工作人员的岗位责任。

医疗机构应当有专门的部门负责药品质量的日常管理工作；未设专门部门的，应当指定专人负责药品质量管理。

第五条 医疗机构应当向所在地药品监督管理部门提交药品质量管理年度自查报告，自查报告应当包括以下内容：

（一）药品质量管理制度的执行情况；

（二）医疗机构制剂配制的变化情况；

（三）接受药品监督管理部门的监督检查及整改落实情况；

（四）对药品监督管理部门的意见和建议。

自查报告应当在本年度12月31日前提交。

第二章　药品购进和储存

第六条 医疗机构必须从具有药品生产、经营资格的企业购进药品。

医疗机构使用的药品应当按照规定由专门部门统一采购，禁止医疗机构其他科室和医务人员自行采购。

医疗机构因临床急需进口少量药品的，应当按照《药品管理法》及其实施条例的有关规定办理。

第七条 医疗机构购进药品，应当查验供货单位的《药品生产许可证》或者《药品经营许可证》和《营业执照》、所销售药品的批准证明文件等相关证明文件，并核实销售人员持有的授权书原件和身份证原件。

医疗机构应当妥善保存首次购进药品加盖供货单位原印章的前述证明文件的复印件，保存期不得少于5年。

第八条 医疗机构购进药品时应当索取、留存供货单位的合法票据，并建立购进记录，做到票、账、货相符。合法票据包括税票及详细清单，清单上必须载明供货单位名称、药品名称、生产厂商、批号、数量、价格等内容，票据保存期不得少于3年。

第九条 医疗机构必须建立和执行进货验收制度，购进药品应当逐批验收，并建立真实、完整的药品验收记录。

医疗机构接受捐赠药品、从其他医疗机构调入急救药品也应当遵守前款规定。

第十条 药品验收记录应当包括药品通用名称、生产厂商、规格、剂型、批号、生产日期、有效期、批准文号、供货单位、数量、价格、购进日期、验收日期、验收结论等内容。

验收记录必须保存至超过药品有效期1年，但不得少于3年。

第十一条 医疗机构应当建立健全中药饮片采购制度，按照国家有关规定购进中药饮片。

第十二条 医疗机构应当有专用的场所和设施、设备储存药品。药品的存放应当符合药品说明书标明的条件。

医疗机构需要在急诊室、病区护士站等场所临时存放药品的，应当配备符合药品存放条件的专柜。有特殊存放要求的，应当配备相应设备。

第十三条 医疗机构储存药品，应当按照药品属性和类别分库、分区、分垛存放，并实行色标管理。药品与非药品分开存放；中药饮片、中成药、化学药品分别储存、分类存放；过期、变质、被污染等药品应当放置在不合格库（区）。

第十四条 医疗机构应当制定和执行药品保管、养护管理制度，并采取必要的控温、防潮、避光、通风、防火、防虫、防鼠、防污染等措施，保证药品质量。

第十五条 医疗机构应当配备药品养护人员，定期对储存药品进行检查和养护，监测和记录储存区域的温湿度，维护储存设施设备，并建立相应的养护档案。

第十六条 医疗机构应当建立药品效期管理制度。药品发放应当遵循“近效期先出”的原则。

第十七条 麻醉药品、精神药品、医疗用毒性药品、放射性药品应当严格按照相关行政法规的规定存放，并具有相应的安全保障措施。

第三章 药品调配和使用

第十八条 医疗机构应当配备与药品调配和使用相适应的、依法经资格认定的药学技术人员负责处方的审核、调配工作。

第十九条 医疗机构用于调配药品的工具、设施、包装用品以及调配药品的区域，应当符合卫生要求及相应的调配要求。

第二十条 医疗机构应当建立最小包装药品拆零调配管理制度，保证药品质量可追溯。

第二十一条 医疗机构配制的制剂只能供本单位使用。未经省级以上药品监督管理部门批准，医疗机构不得使用其他医疗机构配制的制剂，也不得向其他医疗机构提供本单位配制的制剂。

第二十二条 医疗机构应当加强对使用药品的质量监测。发现假药、劣药的，应当立即停止使用、就地封存并妥善保管，及时向所在地药品监督管理部门报告。在药品监督管理部门作出决定之前，医疗机构不得擅自处理。

医疗机构发现存在安全隐患的药品，应当立即停止使用，并通知药品生产企业或者供货商，及时向所在地药品监督管理部门报告。需要召回的，医疗机构应当协助药品生产企业履行药品召回义务。

第二十三条 医疗机构不得采用邮售、互联网交易、柜台开架自选等方式直接向公众销售处方药。

第二十四条 医疗机构应当逐步建立覆盖药品购进、储存、调配、使用全过程质量控制的电子管理系统，实现药品来源可追溯、去向可查清，并与国家药品电子监管系统对接。

第二十五条 医疗机构应当每年组织直接接触药品人员进行健康检查，并建立健康档案。患有传染病或者其他可能污染药品的疾病的，不得从事直接接触药品的工作。

第二十六条 医疗机构应当定期组织从事药品购进、保管、养护、验收、调配、使用的人员参加药事法规和药学专业知识的培训，并建立培训档案。

第四章 监督检查

第二十七条 药品监督管理部门应当对医疗机构药品购进、储存、调配和使用质量情况进行监督检查，并建立医疗机构监督检查档案。

监督检查情况和处理结果应当形成书面记录，由监督检查人员签字后反馈被检查单位。对检查中发现的问题需要其他部门处理的，应当及时移送。

第二十八条 医疗机构应当积极配合药品监督管理部门依法对药品购进、储存、调配和使用质量情况进行监督检查，如实提供与被检查事项有关的物品和记录、凭证以及医学文书等资料，不得拒绝和隐瞒。

第二十九条 药品监督管理部门应当加强对医疗机构药品的监督抽验。

国家或者省级药品监督管理部门应当定期发布公告，公布对医疗机构药品质量的抽查检验结果。

对质量抽验结果有异议的，其复验程序按照相关规定执行。

第三十条 药品监督管理部门应当根据实际情况建立医疗机构药品质量管理信用档案，记录日常监督检查结果、违法行为查处等情况。

第三十一条 药品监督管理部门接到有关医疗机构药品质量方面的咨询、投诉、举报，应当及时受理，并进行核实、答复、处理；对不属于本部门职责的，应当书面通知并移交有关部门处理。

第三十二条 药品监督管理部门可以根据医疗机构药品质量管理年度自查报告、日常监督检查情况、不良信用记录以及人民群众的投诉、举报情况，确定若干重点监督检查单位，相应增加对其进行监督检查的频次，加大对其使用药品的质量抽验力度。

第五章 法律责任

第三十三条 违反本办法第六条第一款规定，从无《药品生产许可证》、《药品经营许可证》的企业购进药品的，由药品监督管理部门按照《药品管理法》第八十条规定处罚。

对违反本办法第六条第二款规定，医疗机构其他科室和医务人员自行采购药品的，责令医疗机构给予相应处理；确认为假劣药品的，按照《药品管理法》有关规定予以处罚。

第三十四条 违反本办法第十二条第一款规定，不按要求储存疫苗的，按照《疫苗流通和预防接种管理条例》第六十四条规定处罚。

第三十五条 违反本办法第二十一条的规定，擅自使用其他医疗机构配制的制剂的，按照《药品管理法》第八十条规定处罚；未经批准向其他医疗机构提供本单位配制的制剂的，按照《药品管理法》第八十四条规定处罚。

第三十六条 违反本办法第二十二条的规定，擅自处理假劣药品或者存在安全隐患的药品的，由药品监督管理部门责令限期追回；情节严重的，向社会公布。

第三十七条 违反本办法第二十三条规定，采用邮售、互联网交易、柜台开架自选等方式直接向公众销售处方药的，按照《药品流通监督管理办法》第四十二条规定处罚。

第三十八条 违反本办法有关规定，且隐瞒事实，不如实提供与被检查事项有关的物品和记录、凭证以及医学文书等资料，阻碍或者拒绝接受监督检查的，依照《药品管理法实施条例》第七十九条的规定从重处罚。

第三十九条 医疗机构有下列情形之一的，由药品监督管理部门要求其限期整改，逾期不改的，记入医疗机构药品质量管理信用档案，并定期向社会公布：

（一）未按照本办法第四条第一款规定建立质量管理制度的；

（二）未按照本办法第五条规定提交药品质量管理年度自查报告的；

（三）未按照本办法第七条第一款、第八条规定索证、索票查验的；

（四）未按照本办法第九条、第十条规定对购进的药品进行验收，做好验收记录的；

（五）未按照本办法第十一条规定建立中药饮片采购制度，违反国家有关规定购进中药饮片的；

（六）未按照本办法第十二条、第十三条规定储存药品的；

（七）未按照本办法第十四条、第十五条规定养护药品的；

（八）未按照本办法第十六条规定建立和执行药品效期管理制度的；

（九）未按照本办法第十八条规定配备人员的；

（十）未按照本办法第十九条规定执行的；

（十一）未按照本办法第二十条规定建立最小包装药品拆零调配管理制度并执行的。

第四十条 药品监督管理部门应当加强对本部门工作人员的教育、培训和管理，督促其正确履职。凡不履行本办法规定的职责或者滥用职权、玩忽职守、徇私舞弊的，均应当依法对直接负责的主管人员和其他直接责任人员给予相应行政处分；涉嫌犯罪的，移送司法机关处理。

第六章 附 则

第四十一条 省、自治区、直辖市药品监督管理部门可以结合本地实际情况，根据本办法的规定制定实施细则。

第四十二条 本办法自发布之日起施行。

进出口食品安全管理办法

（2010 年 7 月 22 日国家质量监督检验检疫总局局务会议审议通过
2011 年 9 月 13 日国家质量监督检验检疫总局令
第 144 号公布　自 2012 年 3 月 1 日起施行）

第一章　总　　则

第一条　为保证进出口食品安全，保护人类、动植物生命和健康，根据《中华人民共和国食品安全法》（以下简称食品安全法）及其实施条例、《中华人民共和国进出口商品检验法》及其实施条例、《中华人民共和国进出境动植物检疫法》及其实施条例和《国务院关于加强食品等产品安全监督管理的特别规定》等法律法规的规定，制定本办法。

第二条　本办法适用于进出口食品的检验检疫及监督管理。

进出口食品添加剂、食品相关产品、水果、食用活动物的安全管理依照有关规定执行。

第三条　国家质量监督检验检疫总局（以下简称国家质检总局）主管全国进出口食品安全监督管理工作。

国家质检总局设在各地的出入境检验检疫机构（以下简称检验检疫机构）在国家质检总局的统一领导下，依法做好进出口食品安全监督管理工作。

第四条　国家质检总局对进口食品境外生产企业实施注册管理，对向中国境内出口食品的出口商或者代理商实施备案管理，对进口食品实施检验，对出口食品生产企业实施备案管理，对出口食品原料种植、养殖场实施备案管理，对出口食品实施监督、抽检，对进出口食品实施分类管理、对进出口食品生产经营者实施诚信管理。

第五条　进出口食品生产经营者应当依法从事生产经营活动，对社会和公众负责，保证食品安全，诚实守信，接受社会监督，承担社会责任。

第六条 检验检疫机构从事进出口食品安全监督管理的人员（以下简称检验检疫人员）应当具有相关的专业知识，尽职尽责。

第二章 食品进口

第七条 国家质检总局依据中国法律法规规定对向中国出口食品的国家或者地区的食品安全管理体系和食品安全状况进行评估，并根据进口食品安全监督管理需要进行回顾性审查。

国家质检总局依据中国法律法规规定、食品安全国家标准要求、国内外疫情疫病和有毒有害物质风险分析结果，结合前款规定的评估和审查结果，确定相应的检验检疫要求。

第八条 进口食品应当符合中国食品安全国家标准和相关检验检疫要求。食品安全国家标准公布前，按照现行食用农产品质量安全标准、食品卫生标准、食品质量标准和有关食品的行业标准中强制执行的标准实施检验。

首次进口尚无食品安全国家标准的食品，进口商应当向检验检疫机构提交国务院卫生行政部门出具的许可证明文件，检验检疫机构应当按照国务院卫生行政部门的要求进行检验。

第九条 国家质检总局对向中国境内出口食品的境外食品生产企业实施注册制度，注册工作按照国家质检总局相关规定执行。

向中国境内出口食品的出口商或者代理商应当向国家质检总局备案。申请备案的出口商或者代理商应当按照备案要求提供企业备案信息，并对信息的真实性负责。

注册和备案名单应当在总局网站公布。

第十条 进口食品需要办理进境动植物检疫审批手续的，应当取得《中华人民共和国进境动植物检疫许可证》后方可进口。

第十一条 对进口可能存在动植物疫情疫病或者有毒有害物质的高风险食品实行指定口岸入境。指定口岸条件及名录由国家质检总局制定并公布。

第十二条 进口食品的进口商或者其代理人应当按照规定，持下列材料向海关报关地的检验检疫机构报检：

（一）合同、发票、装箱单、提单等必要的凭证；

（二）相关批准文件；

（三）法律法规、双边协定、议定书以及其他规定要求提交的输出国家（地区）官方检疫（卫生）证书；

（四）首次进口预包装食品，应当提供进口食品标签样张和翻译件；

（五）首次进口尚无食品安全国家标准的食品，应当提供本办法第八条规定的许可证明文件；

（六）进口食品应当随附的其他证书或者证明文件。

报检时，进口商或者其代理人应当将所进口的食品按照品名、品牌、原产国（地区）、规格、数/重量、总值、生产日期（批号）及国家质检总局规定的其他内容逐一申报。

第十三条 检验检疫机构对进口商或者其代理人提交的报检材料进行审核，符合要求的，受理报检。

第十四条 进口食品的包装和运输工具应当符合安全卫生要求。

第十五条 进口预包装食品的中文标签、中文说明书应当符合中国法律法规的规定和食品安全国家标准的要求。

第十六条 检验检疫机构应当对标签内容是否符合法律法规和食品安全国家标准要求以及与质量有关内容的真实性、准确性进行检验，包括格式版面检验和标签标注内容的符合性检测。

进口食品标签、说明书中强调获奖、获证、产区及其他内容的，或者强调含有特殊成分的，应当提供相应证明材料。

第十七条 进口食品在取得检验检疫合格证明之前，应当存放在检验检疫机构指定或者认可的监管场所，未经检验检疫机构许可，任何单位和个人不得动用。

第十八条 进口食品经检验检疫合格的，由检验检疫机构出具合格证明，准予销售、使用。检验检疫机构出具的合格证明应当逐一列明货物品名、品牌、原产国（地区）、规格、数/重量、生产日期（批号），没有品牌、规格的，应当标明"无"。

进口食品经检验检疫不合格的，由检验检疫机构出具不合格证明。涉及安全、健康、环境保护项目不合格的，由检验检疫机构责令当事人销毁，或者出具退货处理通知单，由进口商办理退运手续。其他项目不合格的，可以在检验检疫机构的监督下进行技术处理，经重新检验合格后，方可销售、使用。

第十九条 检验检疫机构对进口食品的进口商实施备案管理。进口商应当事先向所在地检验检疫机构申请备案，并提供以下材料：

（一）填制准确完备的进口商备案申请表；

（二）工商营业执照、组织机构代码证书、法定代表人身份证明、对外贸易经营者备案登记表等的复印件并交验正本；

（三）企业质量安全管理制度；

（四）与食品安全相关的组织机构设置、部门职能和岗位职责；

（五）拟经营的食品种类、存放地点；

（六）2年内曾从事食品进口、加工和销售的，应当提供相关说明（食品品种、数量）；

（七）自理报检的，应当提供自理报检单位备案登记证明书复印件并交验正本。

检验检疫机构核实企业提供的信息后，准予备案。

第二十条 进口食品的进口商应当建立食品进口和销售记录制度，如实记录进口食品的卫生证书编号、品名、规格、数量、生产日期（批号）、保质期、出口商和购货者名称及联系方式、交货日期等内容。记录应当真实，保存期限不得少于2年。

检验检疫机构应当对本辖区内进口商的进口和销售记录进行检查。

第二十一条 国家质检总局对进口食品安全实行风险监测制度，组织制定和实施年度进口食品安全风险监测计划。

检验检疫机构根据国家质检总局进口食品安全风险监测计划，组织对进口食品进行风险监测，上报结果。

检验检疫机构应当根据进口食品安全风险监测结果，在风险分析的基础上调整对相关进口食品的检验检疫和监管措施。

第二十二条 进口食品原料全部用于加工后复出口的，检验检疫机构按照出口食品目的国（地区）技术规范的强制性要求或者贸易合同要求进行检验。

第二十三条 检验检疫机构发现不符合法定要求的进口食品时，可以将不符合法定要求的进口食品境外生产企业和出口商、国内进口商、报检人、代理人列入不良记录名单；对有违法行为并受到行政处罚的，可以将其列入违法企业名单并对外公布。

第三章 食品出口

第二十四条 出口食品生产经营者应当保证其出口食品符合进口国家（地区）的标准或者合同要求。

进口国家（地区）无相关标准且合同未有要求的，应当保证出口食品符合中国食品安全国家标准。

第二十五条 出口食品生产企业应当建立完善的质量安全管理体系。

出口食品生产企业应当建立原料、辅料、食品添加剂、包装材料容器等进货查验记录制度。

出口食品生产企业应当建立生产记录档案，如实记录食品生产过程的安全管理情况。

出口食品生产企业应当建立出厂检验记录制度，依照本办法规定的要求对其出口食品进行检验，检验合格后方可报检。

上述记录应当真实，保存期限不得少于2年。

第二十六条 国家质检总局对出口食品生产企业实施备案制度，备案工作按照国家质检总局相关规定执行。

第二十七条 检验检疫机构负责对辖区内出口食品生产企业质量安全管理体系运行情况进行监督管理。

第二十八条 国家质检总局对出口食品原料种植、养殖场实施备案管理。出口食品原料种植、养殖场应当向所在地检验检疫机构办理备案手续。

实施备案管理的原料品种目录（以下称目录）和备案条件由国家质检总局另行制定。出口食品的原料列入目录的，应当来自备案的种植、养殖场。

国家质检总局统一公布备案的原料种植、养殖场名单。

第二十九条 备案种植、养殖场所在地检验检疫机构对备案种植、养殖场实施监督、检查，对达不到备案要求的，及时向所在地政府相关主管部门、出口食品生产企业所在地检验检疫机构通报。

生产企业所在地检验检疫机构应当及时向备案种植、养殖场所在地检验检疫机构通报种植、养殖场提供原料的质量安全和卫生情况。

第三十条 种植、养殖场应当建立原料的生产记录制度，生产记录应当真实，记录保存期限不得少于2年。备案种植、养殖场应当依照进口国家（地区）食品安全标准和中国有关规定使用农业化学投入品，并建立疫情疫病监测制度。备案种植、养殖场应当为其生产的每一批原料出具出口食品加工原料供货证明文件。

第三十一条 国家质检总局对出口食品安全实施风险监测制度，组织制定和实施年度出口食品安全风险监测计划。

检验检疫机构根据国家质检总局出口食品安全风险监测计划，组织对本辖区内出口食品实施监测，上报结果。

检验检疫机构应当根据出口食品安全风险监测结果，在风险分析基础上调整对相关出口食品的检验检疫和监管措施。

第三十二条 出口食品的出口商或者其代理人应当按照规定，持合同、发票、装箱单、出厂合格证明、出口食品加工原料供货证明文件等必要的凭证和相关批准文件向出口食品生产企业所在地检验检疫机构报检。

报检时，应当将所出口的食品按照品名、规格、数/重量、生产日期逐一申报。

第三十三条 直属检验检疫局根据出口食品分类管理要求、本地出口食品品种、以往出口情况、安全记录和进口国家（地区）要求等相关信息，通过风险分析制定本辖区出口食品抽检方案。

检验检疫机构按照抽检方案和相应的工作规范、规程以及有关要求对出口食品实施抽检。

有双边协定的，按照其要求对出口食品实施抽检。

第三十四条 出口食品符合出口要求的，由检验检疫机构按照规定出具通关证明，并根据需要出具证书。出口食品进口国家（地区）对证书形式和内容有新要求的，经国家质检总局批准后，检验检疫机构方可对证书进行变更。

出口食品经检验检疫不合格的，由检验检疫机构出具不合格证明。依法可以进行技术处理的，应当在检验检疫机构的监督下进行技术处理，合格后方准出口；依法不能进行技术处理或者经技术处理后仍不合格的，不准出口。

第三十五条 出口食品的包装和运输方式应当符合安全卫生要求，并经检验检疫合格。

第三十六条 对装运出口易腐烂变质食品、冷冻食品的集装箱、船舱、飞机、车辆等运载工具，承运人、装箱单位或者其代理人应当在装运前向检验检疫机构申请清洁、卫生、冷藏、密固等适载检验；未经检验或者经检验不合格的，不准装运。

第三十七条 出口食品生产企业应当在运输包装上注明生产企业名称、备案号、产品品名、生产批号和生产日期。检验检疫机构应当在出具的证单中注明上述信息。进口国家（地区）或者合同有特殊要求的，在保证产品可追溯的前提下，经直属检验检疫局同意，标注内容可以适当调整。

需要加施检验检疫标志的，按照国家质检总局规定加施。

第三十八条 出口食品经产地检验检疫机构检验检疫符合出口要求运往口岸的，产地检验检疫机构可以采取监视装载、加施封识或者其他方式实施监督管理。

第三十九条 出口食品经产地检验检疫机构检验检疫符合出口要求的，口岸检验检疫机构按照规定实施抽查，口岸抽查不合格的，不得出口。

口岸检验检疫机构应当将有关信息及时通报产地检验检疫机构，并按照规定上报。产地检验检疫机构应当根据不合格原因采取相应监管措施。

第四十条 检验检疫机构发现不符合法定要求的出口食品时，可以将其生产经营者列入不良记录名单；对有违法行为并受到行政处罚的，可以将其列入违法企业名单并对外公布。

第四章 风险预警及相关措施

第四十一条 国家质检总局对进出口食品实施风险预警制度。

进出口食品中发现严重食品安全问题或者疫情的，以及境内外发生食品安全事件或者疫情可能影响到进出口食品安全的，国家质检总局和检验检疫机构应当及时采取风险预警及控制措施。

第四十二条 国家质检总局和检验检疫机构应当建立进出口食品安全信息收集网络，收集和整理食品安全信息，主要包括：

（一）检验检疫机构对进出口食品实施检验检疫发现的食品安全信息；

（二）行业协会、消费者反映的进口食品安全信息；

（三）国际组织、境外政府机构发布的食品安全信息、风险预警信息，以及境外行业协会等组织、消费者反映的食品安全信息；

（四）其他食品安全信息。

第四十三条 检验检疫机构对经核准、整理的食品安全信息，按照规定的要求和程序向国家质检总局报告并向地方政府、有关部门通报。

第四十四条 国家质检总局和直属检验检疫局按照相关规定对收集到的食品安全信息进行风险分析研判，确定风险信息级别。

第四十五条 国家质检总局和直属检验检疫局应当根据食品安全风险信息的级别发布风险预警通报。国家质检总局视情况可以发布风险预警通告，并决定采取以下控制措施：

（一）有条件地限制进出口，包括严密监控、加严检验、责令召回等；

（二）禁止进出口，就地销毁或者作退运处理；

（三）启动进出口食品安全应急处置预案。

检验检疫机构负责组织实施风险预警及控制措施。

第四十六条 国家质检总局可以参照国际通行做法，对不确定的风险直接发布风险预警通报或者风险预警通告，并采取本办法第四十五条规定的控制措施。同时及时收集和补充有关信息和资料，进行风险分析。

第四十七条 进出口食品安全风险已不存在或者已降低到可接受的程度时，应当及时解除风险预警通报和风险预警通告及控制措施。

第四十八条 进口食品存在安全问题，已经或者可能对人体健康和生命安全造成损害的，进口食品进口商应当主动召回并向所在地检验检疫机构报告。进口食品进口商应当向社会公布有关信息，通知销售者停止销售，告知消费者停止使用，做好召回食品情况记录。

检验检疫机构接到报告后应当组织核查，根据产品影响范围按照规定上报。

进口食品进口商不主动实施召回的，由直属检验检疫局向其发出责令召回通知书并报告国家质检总局。必要时，国家质检总局可以责令其召回。国家质检总局可以发布风险预警通报或者风险预警通告，并采取本办法第四十五条规定的措施以及其他避免危害发生的措施。

第四十九条 发现出口的食品存在安全问题，已经或者可能对人体健康和生命安全造成损害的，出口食品生产经营者应当采取措施，避免和减少损害的发生，并立即向所在地检验检疫机构报告。

第五十条 检验检疫机构在依法履行进出口食品检验检疫监督管理职责时有权采取下列措施：

（一）进入生产经营场所实施现场检查；

（二）查阅、复制、查封、扣押有关合同、票据、账簿以及其他有关资料；

（三）查封、扣押不符合法定要求的产品，违法使用的原料、辅料、添加剂、农业投入品以及用于违法生产的工具、设备；

（四）查封存在危害人体健康和生命安全重大隐患的生产经营场所。

第五十一条 检验检疫机构应当按照有关规定将采取的控制措施向国家质检总局报告并向地方政府、有关部门通报。

国家质检总局按照有关规定将相关食品安全信息及采取的控制措施向有关部门通报。

第五章 法律责任

第五十二条 违反本办法第十七条指定场所监管相关规定，没有违法所得的，由检验检疫机构责令改正，处1万元以下罚款。

第五十三条 销售、使用经检验不符合食品安全国家标准的进口食品，由检验检疫机构按照食品安全法第八十九条、第八十五条的规定给予处罚。

第五十四条 进口商有下列情形之一的，由检验检疫机构按照食品安全法第八十九条、八十七条的规定给予处罚：

（一）未建立食品进口和销售记录制度的；

行政与执行法律文件解读

（二）建立的食品进口和销售记录没有如实记录进口食品的卫生证书编号、品名、规格、数量、生产日期（批号）、保质期、出口商和购货者名称及联系方式、交货日期等内容的；

（三）建立的食品进口和销售记录保存期限少于2年的。

第五十五条 出口食品原料种植、养殖场有下列情形之一的，由检验检疫机构责令改正，有违法所得的，处违法所得3倍以下罚款，最高不超过3万元；没有违法所得的，处1万元以下罚款：

（一）出口食品原料种植、养殖过程中违规使用农业化学投入品的；

（二）相关记录不真实或者保存期限少于2年的。

出口食品生产企业生产出口食品使用的原料未按照规定来自备案基地的，按照前款规定给予处罚。

第五十六条 有下列情形之一的，由检验检疫机构按照食品安全法第八十九条、第八十五条的规定给予处罚：

（一）未报检或者未经监督、抽检合格擅自出口的；

（二）擅自调换经检验检疫机构监督、抽检并已出具检验检疫证明的出口食品的。

第五十七条 进出口食品生产经营者、检验检疫机构及检验检疫人员有其他违法行为的，按照相关法律法规的规定处理。

第六章　附　则

第五十八条 进出口食品生产经营者包括进出口食品的生产企业、进出口商和代理商。

第五十九条 进出海关特殊监管区域的食品以及边境小额和互市贸易进出口食品的检验检疫监督管理，按照国家质检总局有关规定办理。

第六十条 以快件、邮寄和旅客携带方式进出口食品的，应当符合国家质检总局相关规定。

第六十一条 进出口用作样品、礼品、赠品、展示品等非贸易性的食品，进口用作免税经营的、使领馆自用的食品，出口用作使领馆、中国企业驻外人员等自用的食品，按照国家有关规定办理。

第六十二条 供香港、澳门特别行政区、台湾地区的食品，国家有另行规定的，从其规定。

第六十三条 本办法由国家质检总局负责解释。

第六十四条 本办法自2012年3月1日起施行。

司法解释、司法解释性文件与解读

最高人民法院

印发《关于执行权合理配置和科学运行的若干意见》的通知

2011年10月19日　　　　法发〔2011〕15号

各省、自治区、直辖市高级人民法院，解放军军事法院，新疆维吾尔自治区高级人民法院生产建设兵团分院：

现将《最高人民法院关于执行权合理配置和科学运行的若干意见》印发给你们，请结合工作实际，认真贯彻执行。

为了促进执行权的公正、高效、规范、廉洁运行，实现立案、审判、执行等机构之间的协调配合，完善执行工作的统一管理，根据《中华人民共和国民事诉讼法》和有关司法解释的规定，提出以下意见。

一、关于执行权分权和高效运行机制

1. 执行权是人民法院依法采取各类执行措施以及对执行异议、复议、申诉等事项进行审查的权力，包括执行实施权和执行审查权。

2. 地方人民法院执行局应当按照分权运行机制设立和其他业务庭平行的执行实施和执行审查部门，分别行使执行实施权和执行审查权。

3. 执行实施权的范围主要是财产调查、控制、处分、交付和分配以及罚款、拘留措施等实施事项。执行实施权由执行员或者法官行使。

4. 执行审查权的范围主要是审查和处理执行异议、复议、申诉以及决定执行管辖权的移转等审查事项。执行审查权由法官行使。

5. 执行实施事项的处理应当采取审批制，执行审查事项的处理应当采取合议制。

6. 人民法院可以将执行实施程序分为财产查控、财产处置、款物发放

等不同阶段并明确时限要求，由不同的执行人员集中办理，互相监督，分权制衡，提高执行工作质量和效率。执行局的综合管理部门应当对分段执行实行节点控制和流程管理。

7. 执行中因情况紧急必须及时采取执行措施的，执行人员经执行指挥中心指令，可依法采取查封、扣押、冻结等财产保全和其他控制性措施，事后两个工作日内应当及时补办审批手续。

8. 人民法院在执行局内建立执行信访审查处理机制，以有效解决消极执行和不规范执行问题。执行申诉审查部门可以参与涉执行信访案件的接访工作，并应当采取排名通报、挂牌督办等措施促进涉执行信访案件的及时处理。

9. 继续推进全国法院执行案件信息管理系统建设，积极参与社会信用体系建设。执行信息部门应当发挥职能优势，采取多种措施扩大查询范围，实现执行案件所有信息在法院系统内的共享，推进执行案件信息与其他部门信用信息的共享，并通过信用惩戒手段促使债务人自动履行义务。

二、关于执行局与立案、审判等机构之间的分工协作

10. 执行权由人民法院的执行局行使；人民法庭可根据执行局授权执行自审案件，但应接受执行局的管理和业务指导。

11. 办理执行实施、执行异议、执行复议、执行监督、执行协调、执行请示等执行案件和案外人执行异议之诉、申请执行人执行异议之诉、执行分配方案异议之诉、代位析产之诉等涉执行的诉讼案件，由立案机构进行立案审查，并纳入审判和执行案件统一管理体系。

人民法庭经授权执行自审案件，可由其自行办理立案登记手续，并纳入执行案件的统一管理。

12. 案外人执行异议之诉、申请执行人执行异议之诉、执行分配方案异议之诉、代位析产之诉等涉执行的诉讼，由人民法院的审判机构按照民事诉讼程序审理。逐步促进涉执行诉讼审判的专业化，具备条件的人民法院可以设立专门审判机构，对涉执行的诉讼案件集中审理。

案外人、当事人认为据以执行的判决、裁定错误的，由作出生效判决、裁定的原审人民法院或其上级人民法院按照审判监督程序审理。

13. 行政非诉案件、行政诉讼案件的执行申请，由立案机构登记后转行政审判机构进行合法性审查；裁定准予强制执行的，再由立案机构办理执行立案登记后移交执行局执行。

14. 强制清算的实施由执行局负责，强制清算中的实体争议由民事审判机构负责审理。

15. 诉前、申请执行前的财产保全申请由立案机构进行审查并作出裁定；裁定保全的，移交执行局执行。

16. 诉中财产保全、先予执行的申请由相关审判机构审查并作出裁定；裁定财产保全或者先予执行的，移交执行局执行。

17. 当事人、案外人对财产保全、先予执行的裁定不服申请复议的，由作出裁定的立案机构或者审判机构按照民事诉讼法第九十九条的规定进行审查。

当事人、案外人、利害关系人对财产保全、先予执行的实施行为提出异议的，由执行局根据异议事项的性质按照民事诉讼法第二百零二条或者第二百零四条的规定进行审查。

当事人、案外人的异议既指向财产保全、先予执行的裁定，又指向实施行为的，一并由作出裁定的立案机构或者审判机构分别按照民事诉讼法第九十九条和第二百零二条或者第二百零四条的规定审查。

18. 具有执行内容的财产刑和非刑罚制裁措施的执行由执行局负责。

19. 境外法院、仲裁机构作出的生效法律文书的执行申请，由审判机构负责审查；依法裁定准予执行或者发出执行令的，移交执行局执行。

20. 不同法院因执行程序，执行与破产、强制清算、审判等程序之间对执行标的产生争议，经自行协调无法达成一致意见的，由争议法院的共同上级法院执行局中的协调指导部门处理。

21. 执行过程中依法需要变更、追加执行主体的，由执行局按照法定程序办理；应当通过另诉或者提起再审追加、变更的，由审判机构按照法定程序办理。

22. 委托评估、拍卖、变卖由司法辅助部门负责，对评估、拍卖、变卖所提异议由执行局审查。

23. 被执行人对国内仲裁裁决提出不予执行抗辩的，由执行局审查。

24. 立案、审判机构在办理民商事和附带民事诉讼案件时，应当根据案件实际，就追加诉讼当事人、申请诉前、诉中和申请执行前的财产保全等内容向当事人作必要的释明和告知。

25. 立案、审判机构在办理民商事和附带民事诉讼案件时，除依法缺席判决等无法准确查明当事人身份和地址的情形外，应当在有关法律文书中载明当事人的身份证号码，在卷宗中载明送达地址。

26. 审判机构在审理确权诉讼时，应当查询所要确权的财产权属状况，发现已经被执行局查封、扣押、冻结的，应当中止审理；当事人诉请确权的财产被执行局处置的，应当撤销确权案件；在执行局查封、扣押、冻结后确权的，应当撤销确权判决或者调解书。

27. 对符合法定移送执行条件的法律文书，审判机构应当在法律文书生效后及时移送执行局执行。

三、关于执行工作的统一管理

28. 中级以上人民法院对辖区人民法院的执行工作实行统一管理。下级人民法院拒不服从上级人民法院统一管理的，依照有关规定追究下级人民法院有关责任人的责任。

29. 上级人民法院可以根据本辖区的执行工作情况，组织集中执行和专项执行活动。

30. 对下级人民法院违法、错误的执行裁定、执行行为，上级人民法院有权指令下级人民法院自行纠正或者通过裁定、决定予以纠正。

31. 上级人民法院在组织集中执行、专项执行或其他重大执行活动中，可以统一指挥和调度下级人民法院的执行人员、司法警察和执行装备。

32. 上级人民法院根据执行工作需要，可以商政府有关部门编制辖区内人民法院的执行装备标准和业务经费计划。

33. 上级人民法院有权对下级人民法院的执行工作进行考核，考核结果向下级人民法院通报。

解读

《关于执行权合理配置和科学运行的若干意见》

最高人民法院有关负责人

一、最高人民法院提出执行权合理配置，将执行权分为实施权和审查权

人民法院进行执行权改革，主要是完善了执行的分权运行模式。将执行权分为执行实施权和执行审查权，分由不同的执法主体按照不同的程序行使，互相制约，规范运行。我们将执行实施程序分为财产查控、财产处置、款物发放等不同阶段并明确时限要求，由不同的执行人员集中办理，改变过去“一人包案到底”的办案方式。同时，在分段执行中实行节点控制，防止消极执行。

过去人民法院对于执行中的重大事项一般由执行员采用合议制来办理。这个方式在一定情况下限制了执行权行使，对规制执行权起到了一定作用，但是效率低下，有时失去了执行最有力的时机。

现在把执行权分为执行实施权和执行审查权，两类性质的权力。根据性质的不同，分别采取了审批制和合议制。采取审批制这种方式，主要是一些实施的具体事项不需要作出决定，而是具体实施操作的项目，比如查封、扣押等。执行审查权主要涉及法律适用，是需要作出判断的事项，采取合议这样的

方式来实施，可以提高执行的效率，促进执行公正。

二、法院执行人员在遇到紧急情况时可以采取的控制措施及需要履行的程序

执行必须抢实效。为了解决紧急情况下对执行人员采取控制措施授权不足的问题，最高人民法院发布的意见规定了执行人员在接受执行指挥中心指令的前提下，依法采取查封、扣押、冻结等财产保全和其他控制性措施，但事后2个工作日内应当补办审批手续。

法院执行和审判有很大区别，执行过程中遇到的突发情况比较多。比如，执行人员调查被执行人财产的时候，突然发现被执行人有车辆可供执行。一般情况下，如果要查封、扣押车辆，必须要履行相关手续，可如果车辆当时不扣押，以后就很难找到了。上述这种情况就属于紧急情况。如果要按照一般程序进行审批、下发裁定，就来不及了。因此，紧急情况下，可以先采取控制性措施，把车辆先扣下来，但是执行人员要向法院的执行指挥中心通报，得到同意指令后再采取控制措施，进行扣押。然后再补办相关手续。这样规定一个控制性措施，而不是处分性措施。被执行人不用担心法院把车卖掉。

三、立案、审判机构在办理民商事和附带民事诉讼案件时，要在有关法律文书中载明当事人的身份证号码，在卷宗中载明送达地址

立案、审判机构在办理民商事和附带民事诉讼案件时，应当在有关法律文书中载明当事人的身份证号码，在卷宗中载明送达地址。这样要求是为了使立案、审判和执行机构，通过分工协作，使工作更加有力地开展。

法院在执行过程中要把赖账的人纳入执行监控系统。但是全国同名同姓的人有很多，如果不与身份证号码配套，就可能侵害了其他人的合法利益。虽然同名同姓，但是这些人的身份证号码具有唯一性，可以确定执行案件当事人的唯一性，为执行威慑惩戒机制提供技术上的支持。在立案、审判过程中这样做是为执行工作打下坚实基础。

四、审判机构在审理确权诉讼时，提出了较多限制条件

在司法实践中，会出现规避执行的情况。有人利用法律漏洞和程序上的不完善钻空子。比如，执行法院发现被执行人没有钱可供执行，于是查封了被执行人房产。于是被执行人通过造假签署房屋买卖合同和虚假诉讼等方式转移房产，导致“执行难”。还有些人利用法律文书对抗法院执行，因此我们下发的意见要对这种情况进行限制。

本意见规定，审判机构在审理确权诉讼时，应当查询所要确权的财产权属状况，发现已经被执行局查封、扣押、冻结的，应当中止审理；当事人诉请确权的财产被执行局处置的，应当撤销确权案件；在执行局查封、扣押、冻结后确权的，应当撤销确权判决或者调解书。

地方性法规、地方政府规章

广州市城市管理综合执法细则

（2011年8月9日市政府第13届144次常务会议讨论通过
2011年9月9日广州市人民政府令第58号
公布　自2011年10月9日起施行）

第一条　为明确城市管理综合执法范围，规范行政执法行为，促进依法行政，维护公民、法人和其他组织的合法权益，根据《中华人民共和国行政处罚法》和《广州市城市管理综合执法条例》等法律、法规，结合本市实际，制定本细则。

第二条　本市市辖区内城市管理综合执法工作适用本细则。

第三条　城市管理综合执法机关依据市容环境卫生管理方面法律、法规、规章的规定，对下列违法行为行使行政处罚权：

（一）违反建筑废弃物和建筑散体物料运输管理的；

（二）违反生活垃圾清扫、投放、收集、运输、处置管理的；

（三）违反户外广告和招牌设施设置管理的；

（四）在公共场所或者公共设施擅自张贴、设置横额等宣传品，或者吊挂、晾晒和堆放影响市容的物品等违反市容管理相关规定的；

（五）违反水域市容环境卫生管理的；

（六）其他违反市容环境卫生管理的行为。

第四条　城市管理综合执法机关依据城乡规划管理方面法律、法规、规章的规定，对下列违法行为行使处罚权：

（一）未取得建设工程规划许可证或者未按照建设工程规划许可证的规定进行建设的；

（二）未取得乡村建设规划许可证或者未按照乡村建设规划许可证的规定进行建设的；

（三）未经批准进行临时建设或者未按照批准内容进行临时建设的；

（四）临时建筑物、构筑物超过批准期限不拆除的。

对非法占用农用地、未利用地或者擅自将农用地、未利用地改为建设用地进行建设的违法行为，由土地行政主管部门会同城市管理综合执法机关依照各自职责共同查处；需要强制拆除违法建（构）筑物的，由属地政府组织土地行政主管部门、城市管理综合执法机关等部门按照法定程序予以强制拆除。

第五条 城市管理综合执法机关依据环境保护管理方面法律、法规、规章的规定，对下列违法行为行使行政处罚权：

（一）在临街门口、道路等公共场地使用发电机，排放的噪声不符合城市区域环境噪声标准的；

（二）除抢修和抢险工程外，超出规定时间，在市区行政街和城镇噪声控制范围内的建筑、装饰、市政工程、清拆施工场地，使用各种施工机械造成环境噪声污染的；

（三）因混凝土浇灌不宜留施工缝的作业和为保证工程质量、技术需要的桩基冲孔、钻孔桩成型等作业或者市政工程，未经建设行政主管部门出具证明，擅自夜间连续施工、延长作业时间的；

（四）工地周边未设置符合规范的围蔽设施，致使大气环境受到污染的；

（五）在建的三层以上的建筑物未设置楼体围障致使大气环境受到污染的；

（六）施工工地场地未实行硬地化致使大气环境受到污染的；

（七）施工期间每天未定时对施工工地洒水、未清除余泥渣土致使大气环境受到污染的；

（八）未在施工工地设置沙石、灰土、水泥等建筑材料专用堆放场地致使大气环境受到污染的；

（九）市政道路、管线敷设工程施工或者工程竣工后不按时清理余泥渣土，致使大气环境受到污染的；

（十）驾驶未冲洗干净的运输车辆驶离余泥排放场所或者施工工地，致使大气环境受到污染的；

（十一）拆除建筑物未采取喷淋除尘措施并设置立体式遮挡尘土垢防护设施，致使大气环境受到污染的；

（十二）在市区焚烧沥青、油毡、橡胶、皮革和垃圾、布碎等会产生有毒有害气体、烟尘、臭气的物质的。

第六条 城市管理综合执法机关依据市政管理方面法律、法规、规章的规定，对下列违法行为行使行政处罚权：

（一）污染、损坏、擅自占用和开挖城市道路以及城市广场等相关公共场地的，但污染、损坏、擅自占用和开挖城市道路车行道的由交通行政管理部门行使行政处罚权；

（二）违反井盖设施管理规定，拒不改正的；

（三）违反城市路灯照明管理规定的。

第七条 城市管理综合执法机关依据工商行政管理方面法律、法规、规章的规定，对占用城市道路、广场等公共场所进行违法经营行为行使行政处罚权。

第八条 城市管理综合执法机关依据燃气管理方面法律、法规、规章的规定，对下列违法行为行使行政处罚权：

（一）违反燃气经营管理的；

（二）违反燃气器具生产、安装和维修管理的；

（三）违反燃气使用管理的；

（四）其他违反燃气管理的行为。

第九条 城市管理综合执法机关依据水务管理方面法律、法规、规章的规定，对下列违法行为行使行政处罚权：

（一）向排水设施倾倒垃圾、废渣、施工泥浆水、污水处理后的污泥等废弃物的；

（二）在公共供水管道及其附属设施保护范围内修筑建筑物或者堆放重物危及供水设施安全的；

（三）妨碍消火栓安全使用或者违法开启消防栓用水的。

第十条 城市管理综合执法机关依据建设工程管理方面法律、法规、规章的规定，对下列违法行为行使行政处罚权：

（一）未取得建筑工程施工许可证施工的；

（二）不按规定使用散装水泥、预拌砂浆和预拌混凝土的；

（三）在建筑物、构筑物中使用禁止使用的墙体材料的。

第十一条 城市管理综合执法机关依据人民防空工程管理方面法律、法规、规章的规定，对下列违法行为行使行政处罚权：

（一）城市新建民用建筑，违反国家有关规定不修战时可用于防空的地下室的；

（二）侵占人民防空工程的；

（三）不按国家规定的防护标准和质量标准修建人民防空工程的；

（四）违反国家有关规定，改变人民防空工程主体结构、拆除人民防空工程设备设施或者采用其他方法危害人民防空工程的安全和使用效能的；

（五）拆除人民防空工程后拒不补建的；

（六）阻挠安装人民防空通信、警报设施，拒不改正的；

（七）向人民防空工程内排入废水、废气或者倾倒废物的；

（八）在人民防空工程安全保护范围内进行爆破、采石、取土、伐木、打桩、挖洞的；

（九）占用、堵塞和毁坏人民防空工程及其出入口、连接通道的；

（十）在战时用于疏散居民的人民防空工程内生产或者储存爆炸、剧毒、易燃、放射性和腐蚀性等有害物品的；

（十一）破坏防护门、密闭门等设备和供电、供水、排风、排水系统等人民防空设施，使其不能正常工作的；

（十二）其他危害人民防空工程和设施安全或者降低防护能力和使用效能的行为。

第十二条 城市管理综合执法机关依据《广州市白云山风景名胜区保护条例》的规定，对发生在白云山风景名胜区保护范围内的下列违法行为行使行政处罚权：

（一）在白云山风景名胜区内进行违法建设的；

（二）在外围保护地带内，建设影响或者破坏景观景物、污染环境、阻塞交通、破坏生态环境和危及防火安全的建设工程项目的；

（三）在白云山风景名胜区内，因建设工程项目对周围环境及其中的林木、植被、水体、岩石造成破坏的，以及在工程竣工后10日内，没有清理施工现场、恢复原貌或者原有功能的；

（四）在白云山风景名胜区保护范围内擅自砍伐林木的；

（五）在白云山风景名胜区保护范围内，擅自挖山采石、采砂、取土和开垦土地的；

（六）在白云山风景名胜区内围填水体的；

（七）在白云山风景名胜区内占道经营的。

第十三条 城市管理综合执法机关依据《广州市养犬管理条例》的规定，对下列违法行为行使行政处罚权：

（一）对犬只的粪便未即时清理的；

（二）随意抛弃犬只尸体的；

（三）占用道路、桥梁、人行天桥、地下通道等公共场所饲养、经营犬只的；

（四）设置坟墓埋葬犬只尸体的。

第十四条 市人民政府可以根据城市管理的需要，按照法律、法规、规章的规定，增加城市管理综合执法机关行使的行政处罚权，扩大城市管理综合执法的内容。

城市管理综合执法机关行使其他法律、法规、规章规定的由城市管理综合执法机关行使的其他行政处罚权。

第十五条 市城市管理综合执法机关应当向社会公布行使的行政处罚权事项和适用的法律依据。

第十六条 城市管理综合执法机关应当依照法律、法规规定的条件、程序，行使与行政处罚权相应的行政检查权和行政强制权。

需要进入建筑物查处违法行为，当事人拒不合作的，城市管理综合执法机关应当提请公安机关协助，公安机关应当予以配合。

第十七条 下列违法行为经责令改正后又实施的，属于不同时间段发生的新违法行为：

（一）占用公共场所设摊经营、兜售物品；

（二）超出门窗和外墙设摊经营；

（三）超出规定时间施工。

城市管理综合执法机关在查处前款规定的第（一）、（二）项违法行为时，对登记保存或者扣押的工具和物品当场难以清点的，可以直接封存入证据箱（袋）等证据收集容器予以保存或者扣押。

第十八条 城市管理综合执法机关送达执法文书时应当以直接送达和邮寄送达为主，以留置送达、委托送达和公告送达等其他方式为补充。

在调查取证时，当事人应当按照城市管理综合执法机关的要求提供执法文书送达地址并填写送达地址确认书。

当事人填写的送达地址等信息不准确、变更送达地址未及时告知、受送达人或者其所指定的代收人拒绝签收，导致当事人逾期或者未能收到执法文书的，视为送达。

第十九条 城市管理综合执法机关应当建立综合执法日志档案，如实记录日常巡查时间、地点、执法人员、发现及处理违法行为情况等内容，作为日常巡查制度考核的主要依据。

相关行政主管部门应当建立行政许可监督检查情况和处理结果登记制度，发现属于城市管理综合执法范围的违法行为，应当及时制止并在3个工作日内告知城市管理综合执法机关。

第二十条 城市管理综合执法机关应当建立综合执法门户网站；城市管理综合执法机关及其派出机构，应当在其办公场所外明显位置设置专门公告栏。

综合执法门户网站和公告栏是城市管理综合执法机关发布信息和公告送达执法文书的载体。

第二十一条 城市管理综合执法机关应当加强业务培训，建立岗前培训和轮训制度。

各级人民政府应当为城市管理综合执法机关的业务培训提供保障。

第二十二条 街道办事处、镇人民政府负责街（镇）城市管理综合执法队的日常管理、指挥、调度和考核，并承担相应的行政责任。

街道办事处、镇人民政府应当按照市城市管理综合执法机关制定的基层执法队硬件建设标准，实施街（镇）城市管理综合执法队的标准化建设。

街道办事处、镇人民政府应当协调公安派出所、国土所、规划所、工商所、司法所等基层单位，配合街（镇）城市管理综合执法队进行城市管理综合执法。

第二十三条 上级城市管理综合执法机关发现下级城市管理综合执法机关或者派出机构有不当或者违法的具体行政行为，应当责令改正或者撤销；发现其不履行执法职责的，应当责令改正或者直接查处，并可以书面告知其所属区人民政府、街道办事处或者镇人民政府督促其履行职责。下级城市管理综合执法机关或者派出机构经责令履行执法职责而拒不改正的，上级城市管理综合执法机关也可以直接查处。

城市管理综合执法机关不履行前款规定职责的，依据《广州市城市管理综合执法条例》、《广州市行政执法责任追究办法》等相关规定追究相关责任人的责任。

第二十四条 区人民政府不督促区城市管理综合执法机关履行执法职责或者督促不力，造成重大损失或者恶劣影响的，市城市管理综合执法机关可以提请市人民政府或者市监察机关根据有关规定追究区人民政府相关责任人的责任。

街道办事处、镇人民政府不督促街（镇）城市管理综合执法队履行执法职责或者督促不力，造成重大损失或者恶劣影响的，区城市管理综合执法机关可以提请区人民政府或者区监察机关根据有关规定追究街道办事处、镇人民政府相关责任人的责任。

第二十五条 公安派出所、国土所、规划所、工商所、司法所等基层单位不依法履行协助街（镇）城市管理综合执法工作职责的，区城市管理综合执法机关或者街道办事处、镇人民政府可以提请任免机关或者监察机关追究相关责任人的责任。

第二十六条 本市县级市的城市管理综合执法工作参照本细则执行。

第二十七条 本细则自2011年10月9日起实施。1999年8月1日起施行的《广州市城市管理综合执法细则》同时废止。

地方司法业务文件与解读

南京市中级人民法院

关于在全市法院建立执行工作快速反应指挥中心的通知

2011年6月30日　　宁中法〔2011〕第172号

各区、县人民法院，本院各部门：

为认真贯彻落实最高人民法院《关于进一步加强和规范执行工作的若干意见》和江苏省高级人民法院《关于建立执行工作快速反应机制的意见（试行）》的要求，经研究决定，在全市两级法院建立执行工作快速反应指挥中心（下称执行指挥中心），现将有关事项通知如下：

一、指导思想

全市法院执行工作要坚持司法为民宗旨，以执法办案为第一要务，切实转变执行工作理念，改进执行方式方法，提升执行工作质量水平，推进执行工作科学发展。通过建立完善并认真实施执行快速反应工作机制，畅通人民群众与人民法院的联系渠道，努力提高执行工作速度，提升执行工作质量和效率，促进社会诚信，维护司法权威，最大程度地保障当事人合法权益的实现。

二、组织机构

执行指挥中心设在（各级法院）执行局。执行局局长任执行指挥中心指挥长，法警支队（大队）负责人和执行局副局长或内设机构负责人任执行指挥中心副指挥长，负责领导执行指挥中心工作。

执行指挥中心下设办公室（值班室）、执行快速反应组、保障组三个职能部门。

三、工作职责

（一）及时受理关于本院执行案件被执行人下落和被执行财产线索的举报；

（二）迅速组织力量查找被执行人，查控、处置被执行财产；

（三）迅速组织人员处置辖区涉执行突发事件；

（四）及时组织核实、查处、反馈涉执行投诉；

（五）及时向群众或相关部门释明法律、宣传执行工作，减少执行阻力、障碍；

（六）其他相关工作事项。

四、适用范围

1. 人民法院正在执行的案件，被执行人长期下落不明，申请执行人及其他知情人发现被执行人的下落，向执行法院报告并要求对被执行人采取执行措施的；

2. 人民法院正在执行的案件，通过正常执行程序未发现被执行人有可供执行的财产，申请执行人及其他知情人发现财产线索，向执行法院报告并申请对该财产采取执行保全措施的；

3. 人民法院正在执行的案件，在正常执行程序中，申请执行人认为如不迅速采取控制措施，被执行人可能逃逸，或可供执行财产有可能被转移、隐匿，向执行法院报告，申请快速采取执行措施的；

4. 对被执行人下落不明而被中止执行、或以程序终结方式结案的案件，申请执行人发现被执行人下落，申请恢复执行并要求及时采取执行措施的；

5. 对被执行人无可供执行的财产而被中止执行、或以程序终结方式结案的案件，申请执行人发现被执行人有可供执行的财产，申请恢复执行并以不及时采取控制措施，该财产可能灭失或被转移为由要求采取执行措施的；

6. 执行中遭遇围攻、冲砸等暴力抗法的；

7. 在执行工作中发生需要作出快速反应的其他情形的。

五、申请和受理

1. 立案时向当事人书面告知本级法院和上级法院执行指挥中心值班电话、电子邮箱和适用范围。

2. 当事人或其他知情人可以以书面、口头、电话、电子邮件等方式，向执行法院提出快速反应的申请。

3. 执行指挥中心接到快速反应申请或者紧急情况报告后，应当立即受理并逐件记录。

六、工作要求

1. 加强组织领导。市法院执行指挥中心统一领导、指挥各区、县法院执行指挥中心的工作。根据工作需要，市法院执行指挥中心可以直接调度各区、县法院执行指挥中心人员、车辆和装备。各区、县执行指挥中心负责本辖区范围内执行快速反应工作，需跨区、县采取执行措施的，应当向市法院执行指挥中心报告。

2. 切实履行职责。第一，执行指挥中心应当实行 24 小时值班制度。指挥中心领导和办公室人员轮流值班接听值班电话，对执行案件被执行人及其财产下落的线索以及突发事件情况报告等及时登记和处理。第二，值班人员和值班领导接到被执行人下落及被执行财产举报后，应根据不同情况，按照执行快速反应工作要求及时采取应急处置措施，并及时反馈处置结果。在工作时间内，执行对象在执行法院所在城区范围内的，执行人员一般应当在接到执行指令 1 小时内到达现场并依法采取相应措施；在距离城区不超过 60 公里范围内区域的，执行人员一般应当在接到执行指令 2 小时内到达现场并依法采取相应措施。在工作时间之外，指挥中心负责人决定采取快速执行措施时，执行人员应当尽快与申请执行人取得联系，在合理时间内及时依法采取执行措施。第三，接到当事人电话投诉的，应立即做好记录，迅速处理，及时向其反馈调查处理情况。第四，对于查封固定资产、冻结银行账户等不能在非工作日办理的事项，要向当事人耐心说明，并在工作日及时采取执行措施。

3. 严格责任追究。执行指挥中心领导和人员因指挥失误、行动迟缓，造成申请执行人重大经济损失或者其他不良社会影响的，应当依照有关法律法规追究责任。

解读

《南京市中级人民法院关于在全市法院建立执行工作快速反应指挥中心的通知》

仲伟民[*]

南京市中级人民法院于2011年6月30日印发了《关于在全市法院建立执行工作快速反应指挥中心的通知》（以下简称《通知》）。《通知》就人民法院建立执行快速反应指挥中心的指导思想、适用范围、工作职责等问题作出了规定。这是南京法院最大限度地维护当事人的合法权益，维护司法裁判权威，破解执行难的一个重要举措。

一、制定下发《通知》的背景

2006年3月南京两级法院率先在全国建立执行威慑机制和执行工作联动机制以来，在各级党委领导、政府及其相关部门的支持下，先后建立了基层协助执行网络机制、执行救助机制，广泛运用于执行工作实践，取得了较好的社会效果。五年来，全市法院将所有执行案件全部输入互联网，社会公众随时都可以查询所要交易对象在南京范围内有无被法院执行的案件，极大地促进了诚信社会建设。在全市法院的共同努力下，2006年以来共办结12.5万件执行案件，执行到位标的额达227.6亿元，为维护权利人的合法权益、保障经济社会快速发展、维护社会和谐稳定作出了应有的贡献。

随着经济社会的快速发展，人民群众对人民法院执行工作也有了新的期待和新的诉求，最高人民法院出台了反规避执行的实施意见。在司法实践中，也发现一些被执行人与法院执行人员开展游击战，想方设法躲避执行，逃废债务，加之一些法院个别执行人员工作作风不扎实、行动不迅速，该采取执行措施的不采取执行措施，该与申请执行人沟通的不沟通，引起一起当事人的不满，尽管这种情形是发生在极少数人身上，但危害性较强，严重损害了人民法院的执行公信力。

2009年7月17日，最高人民法院出台了《关于进一步加强和规范执行工作的若干意见》，要求建立执行快速反应机制，努力提高执行工作的快速反应能力，及时处理

* 江苏省南京市中级人民法院法官。

执行线索和突发事件；高、中级人民法院应当成立执行指挥中心，组建快速反应力量；有条件的基层人民法院根据工作需要也可以成立执行指挥中心。为了贯彻落实《意见》精神，南京全市法院 14 个执行指挥中心于 2011 年 7 月 1 日正式成立，并全面启动执行工作快速反应机制。

二、执行指挥中心的架构与职责

1. 架构

执行指挥中心设在法院执行局。执行局局长任执行指挥中心指挥长，法警支队（大队）负责人和执行局副局长或内设机构负责人任执行指挥中心副指挥长，负责领导执行指挥中心工作。市法院执行指挥中心统一领导、指挥基层法院执行指挥中心的工作。基层法院执行指挥中心负责本辖区范围内执行快速反应工作。

2. 执行指挥中心的工作职能

执行指挥中心的工作职责主要包括：及时受理关于本院执行案件被执行人下落和被执行财产线索的举报；迅速组织力量查找被执行人，查控、处置被执行财产；迅速组织人员处置辖区内涉执行突发事件；及时组织核实、查处、反馈涉执行投诉；及时向群众或相关部门释明法律、宣传执行工作。

3. 执行指挥中心的工作制度

执行指挥中心实行 24 小时值班制度。指挥中心领导和办公室人员轮流值班接听值班电话，对执行案件被执行人及其财产下落的线索以及突发事件情况报告等及时登记和处理。对于在工作时间内接到线索举报，执行对象在执行法院所在城区范围内的，执行人员一般应当在接到执行指令 1 小时内到达现场并依法采取相应措施；在距离城区不超过 60 公里范围内区域的，应在接到执行指令 2 小时内到达现场并依法采取相应措施；对于在工作时间之外接到线索举报的，指挥中心负责人决定采取快速执行措施时，执行人员应当尽快与申请执行人取得联系，在合理时间内及时依法采取执行措施。

4. 监督考核

市法院指挥中心对全市法院执行快速反应工作的整体部署、执行力量的调配及执行装备的使用等，实行统一管理，并定期对各区、县法院指挥中心运行情况开展检查。执行指挥中心领导和人员因指挥失误、行动迟缓，造成申请执行人重大经济损失或者其他不良社会影响的，应当依照有关法律法规追究责任。

三、工作中应注意的几个环节

1. 严格保密

南京两级法院指挥中心均设立了两部电话和一个电子邮箱，一部固定电话为工作时间由值班员接听，便于详细记录。一部为移动电话，由执行局值班领导全天候接听，每个法院电子邮箱有专人接收信件。固定电话的记录、电子邮件均报局领导审查，安排专人处理，及时给予答复。市法院已经明确，要严肃纪律，凡是投诉、控告内容，均严格按投诉、控告信的流程处理，并为来电人保密。

2. 反映情况途径可自由选择

反映情况者可选择固定电话、移动电话、也可发电子邮件。但为了提高工作效率和节约成本，三种方式有相对分工。通常情况下，如果案件承办人联系渠道畅通的，直接与承办人联系；一般问题反映建议在上班时间向固定电话反映；情况紧急的当事人可直接向持有移动电话的值班领导反映。

3. 反映情况尽可能具体、准确

为了提高工作效率，当事人反映自己的案件情况，尽可能报出自己的姓名或作为申请执行人的单位名称、被执行人名称、执行案件号、执行法院、执行案件承办人、执行已兑现情况、发现被执行人下落地址或发现被执行人财产的具体地址或线索；投诉和举报尽量留下联系方式和身份证号码，便于核实和兑现奖励。

四、施行以来的基本情况

截至10月31日，全市法院执行指挥中心共接听电话891个，其中法律咨询608个，请求加大执行力度164个，反映作风问题6个，当事人提供被执行人和财产线索113个，出动执行人员91次，查证属实67个，传唤被执行人23人，查封车辆8辆，冻结存款390万元，司法拘留9人，查找到被执行人财产39处，当场执结案件22件，到位金额171.22万元。对于法律咨询的，比如外省和外地的当事人提出要将在当地的执行案件转到南京法院来执行，值班人员和值班领导均耐心解答，直至满意为止。对于催办案件的，都由执行局长找承办人了解情况，提出限期办结的要求。对于投诉电话，按照要求进行了调查核实，并及时作了反馈，新辟了人民群众与人民法院的联系渠道，受到社会各界的广泛好评。南京市人大常委会陈家宝主任对此项工作给予了高度评价。江苏省高级人民法院领导对此项工作多次作出肯定性批示，省法院已向全省法院推广了南京法院的做法。

五、主要成效

南京全市法院建立执行指挥中心，运用执行工作快速反应机制，最大限度地保护申请执行人的合法权益，增强处置突发事件的能力，更加有效地兑现人民群众的诉求，努力缓解“执行难”问题；更加有效地参与社会管理创新，努力创建社会诚信体系；更加有效地开展群众工作，努力化解执行信访矛盾；更加有效地公正廉洁执行，努力培养一支人民群众信得过的执行队伍；更加有效地维护司法安全，努力实现执行工作法律效果与社会效果的统一，全面落实“司法为民”的要求。

（一）有利于推动“执行难”问题的解决

经过全国上下十多年的努力，人民法院“执行难”问题虽有一定缓解，但还没有根本解决，甚至在一些案件上表现得更加突出，案件难执行成为社会持续关注的热点和难点问题。建立执行指挥中心，启动执行工作快速反应机制，正是为了形成一个立体的、广大人民群众参与的解决执行难问题的工作机制。南京全市法院建立执行指挥中心，以法院难执行案件为突破口，以满足广大权利人的需求为着力点，随时发现被执行人下落和被执行财产线索，随时举报，人民法院随时出动，增强了执行案件办理的时效性，提高了执行工作的效率。快速反应机制启动四个月时间里，全市法院共接到出警请求113次，经核实后出警91次，控制被执行人和财产67次，有效率73.6%，当场办结22件难执行案件，有力地保障了权利人的合法权益的实现。

雨花台区法院申请执行人罗某为安徽涡阳县农民工，2010年到谢某承包的工地务工，工程结束后，谢某并未全额支付其劳务工资。罗某于2011年2月17日向法院提起诉讼。经法院主持调解，双方达成了民事调解书。确定被执行人谢某于2011年5月17日前支付申请执行人罗某劳务工资13200元。到期后，谢某并未自觉履行法律义务，罗某随即向法院申请强制执行，法院在执行过程中，查明被执行人谢某户籍地为淮安市盱眙县，在南京没有财产可供执行，并且欠薪后下落不明。2011年8月10日9时许，雨花台区法院“执行110”接到申请执行人罗某电话，称其找到了谢某，目前在雨花台区铁心桥。负责执行指挥中心值班的执行局陈局长高度重视，立即与案件承办人联系，虽已是夜晚，但仍组织干警迅速到达现场，控制了被执行人，执行干警情理法结合与谢某进行谈话，向谢某耐心地讲理释法，指出其逃避执行的错误和可能产生的法律后果。经过近三个小时反复细致的思想工作，谢某终于认识到了自己的错误行为，表示愿意履行自己的义务，谢某的儿子筹款汇到法院，承办人员将执行款交到申请人罗某手中时，罗某激动的紧紧握住执行人员的手，连声感谢，感谢法院为其讨回了工资，感谢“执行110”方便、快捷地维护其合法权益。至此，一起涉及拖欠农民工工资的难执行案件成功执结。

（二）有利于创建社会诚信体系建设

社会诚信体系建设是全社会的一件大事。南京两级法院于2011年7月1日均组建执行指挥中心，向全社会承诺，只要发现被执行人下落和被执行财产线索，人民法院将全天候出警，还将执行指挥中心的移动电话全天候向社会开放，并由局领导值班。与此同时还将执行指挥中心的工作情况以及部分债务人信息依法通过电视台和当地报纸向全社会公开。四个月时间，共向社会公布24批共100多个被执行人的相关信息。被执行人不履行生效法律文书确定的义务的相关情况在各种媒体上披露后，对其他当事人产生了极大的震动。7月11日下午，玄武区法院一个借款合同纠纷案件的被执行人听说法院拟将其欠债信息向媒体披露，当即请求法院不要对外公布，保证于当月月底前履行全部义务。这几个月来，全市每个法院都有不少主动履行法院生效法律文书的案例。初步统计，2011年7月以来，全市法院生效法律文书自动履行率比2010年同期上升了10.51%（2010年7月至10月生效法律文书18959件，自动履行11507件，自动履行率60.69%，2011年7月至10月生效法律文书18131件，自动履行12909件，自动履行率71.2%）。

六合区法院承办的南京某采石厂申请执行李某买卖合同纠纷一案，执行标的45万元，执行中，被执行人李某一直躲债去向不明，致该案于2010年8月终结本次执行程序。其间，法院应申请人请求，采用了悬赏执行办法查找被执行人线索。8月7日下午4时05分，六合法院执行指挥中心接到申请执行人单位法定代表人胡某电话，称根据案外人举报，发现被执行人下落，请求法院立即采取措施。执行局领导和承办法官根据第三人举报被执行人在外省的线索，认真进行案情分析，制定执行预案后，安排执行干警奔赴山东枣庄，在枣庄一港口找到了被执行人，经查明被执行人在港口承包经营过磅业务，当执行人员出现在被执行人李某面前时，其目瞪口呆，“想不到，我在这么远，也被你们法院找到”，在强大的法律威慑面前，被执行人当场凑齐两万元，并经申请人的同意，对余款找当地一企业提供担保，订立了还款计划。申请执行人对法院法官不辞辛劳，从快办案的工作作风深表敬意。

（三）有利于化解执行信访矛盾

据统计，执行信访中有超过半数是属于申请执行人对案件执行不到或执行不到位有意见。南京法院出台的《关于在全市法院建立执行指挥中心的通知》确定了这样的指导思想：通过建立完善并认真实施执行快速反应工作机制，畅通人民群众与人民法院的联系渠道，努力提高执行工作速度，提升执行工作质量和效率，促进社会诚信，维护司法权威，最大程度地保障当事人合法权益的实现。同时规定接听、调查处理人民群众投诉作为指挥中心的一项重要职责。执行指挥中心建立之后，人民群众有线索随时可以打电话举报，有什么与执行工作相关的事项不清楚的也可以咨询，有什么要投诉的也可随时向执行局领导反应。值班电话开通以来，指挥中心共接咨询电话608个，催办案件电话164个，举报执行作风问题电话6个。值班领导接电话后迅速作出相应处理，经市法院执行指挥中心抽查和回访，这些打电话的当事人总体是满意的。执行指挥中心的设立，疏通了人民群众与人民法院的联系，执行案件当事人有什么问题，一个电话立马解决，改变了以前投诉无门的状况。据统计，近四个月执行案件当事人到省法院信访数25件，比2010年同期的39件下降了35.89%。

白下区法院承办的樊某申请执行南京某生物科技有限公司劳动争议一案中，被执行人生物科技公司早已停止经营，也未查找到可供执行的财产。申请人樊某多次到两级法院上访，强烈要求加大执行力度。2011年8月初，申请执行人两次拨打白下法院执行110值班电话，反映被执行人及财产线索，要求法院到现场执行。法院两次出警都无功而返。8月18日樊某来电称，被执行人正在太平南路四川酒家搞促销活动，要求执行局派法官到现场执行。指挥中心随即派干警赶到现场，经现场调查，此项促销活动为其他公司组织的，与被执行人无关，无法采取执行措施。9月8日，樊永军又给执行110来电报告，被执行人现仍在原经营地营业，要求法院立即前往执行。执行局李慧敏局长接报后亲自带法官法警赶到现场，经调查未发现被执行人仍在经营的证据。执行法院传唤被执行人法定代表人到法院接受调查。被执行人法定代表人到法院后，执行法官向其再次宣传有能力履行偿还债务而拒不履行法院判决的法律责任和后果。被执行人法定代表人在执行法官的耐心劝说下，表示只愿意支付1万元，以了结此案。在法官的调解下，经申请人同意，被执行人法定代表人电话通知家人送来1万元现金，双方当事人现场交接款项并达成和解协议，案件得以顺利执结。

六、主要做法

（一）深入发动，广泛宣传报道，在狠抓内外沟通上下工夫

2011年6月30日市法院执行局召开全局人员动员大会，引导全局人员明了在全市法院建立执行指挥中心的重大意义。浦口区、下关区、白下区等法院陆续召开由执行局、法警大队全体人员参加的动员大会，全面学习市法院关于建立执行指挥中心的文件精神，打牢做好此项工作的思想基础。

7月1日，市法院通过南京审判网向社会公布了全市法院执行快速反应指挥中心值班电话号码和电子邮箱，并正式启用全市14个执行指挥中心。7月4日，市法院召开新闻发布会，向驻宁媒体全面介绍了全市法院建立执行指挥中心的有关情况，并回答了记者的提问。当晚，江苏省和南京电视台、广播电台播送了新闻发布会的实况。7月5日《江苏法制报》、《南京日报》、《金陵晚报》等南京所有主流媒体均报道了此次新闻发布会，与此同时全国各主流网站均转载了南京法院建立执行指挥中心工作的消息，搜索新闻总数量达114万条。7月7日晚，南京电视台《东升工作室》播出了以建邺区法院紧急出动扣押车辆的画面为引导，全面报道了南京两级法院建立执行指挥中心的内容，在社会上引起了较大的反响。

7月8日，《人民法院报》刊登署名文章《把群众放在心中最高处》，认为南京法院建立执行工作快速反应机制是用实际行动践行胡锦涛总书记在建党九十周年大会上讲话的精神。

市法院执行局收集执行指挥中心工作情况和典型案例，编辑成《执行工作快速反应指挥中心工作信息》，定期向省、市、区县三级法院报送，引起各级主要领导的高度关注，推动执行指挥中心工作向纵深发展。市法院执行局和宣传处每周组织江苏电视台和《金陵晚报》等媒体报道一次全市法院执行指挥中心开展工作的情况，截至11月底，电视已报道38期，报纸已出了二十多个整版，有力地宣传了执行工作。

某建筑安装有限公司在鼓楼区法院作为被执行人有3起案件，总标的60余万元。鼓楼区法院在执行中多次传唤被执行人的法定代表人到庭，但其拒不到庭，且多次变换办公地点躲避执行。2011年8月2日晚，鼓楼法院在江苏电视台城市频道对该被执行人进行公开曝光。8月3日18：15分，执行指挥中心接到举报电话，称被执行人的法定代表人李某在鼓楼区云南路某饭店与朋友聚餐。执行指挥中心值班局长接到电话后，立即组织干警仅用半小时赶到现场。在公安110的配合下，将被执行人的法定代表人李某带到法院，对其进行法律释明，在法律威慑面前，该负责人终于低下头，于凌晨3时20分筹集到20万现金交到法院，并提供有效担保，承诺在10日内将债务履行完毕。8月2日12时45分，申请执行人李某向该院执行指挥中心反映，发现长期躲债的被执行人金某在某快餐店上班，值班员迅速通知承办人，承办人15分钟内赶赴现场将金某带回法院。被执行人金某拖欠3万多元已两年多，其间为了躲债多次更换工作岗位，此时在法院执行人员反复做工作后承诺还钱，双方达成执行和解协议分期付款，金某母亲也赶到法院愿意为其提供执行担保，并于第二日主动交纳了第一期还款。申请执行人对法院通过媒体查找被执行人的方式快速执行表示十分满意。

（二）严密组织，采取得力措施，在狠抓工作落实上下工夫

市法院执行局组织专门人员在对省内外法院建立执行指挥中心情况充分调研的基础上，反复研究，制定了执行指挥中心建设方案。市法院院长办公会先后两次开会研究，制定了执行指挥中心建设规范性文件。为了确保各项规定落到实处，市法院胡道才院长先后对指挥中心建设工作作出五次批示，叮嘱指挥中心工作制度一定要落实到位。

为了确保执行指挥中心建成后迅速形成战斗力，市法院先后六次召开全市法院执行工作会议，专门研究、部署执行指挥中心建设和发展问题。会议明确要求，各区、县法院确定一名局领导负责牵头抓此项工作的落实。要求每一个执行案件开始执行时，将执行指挥中心的联系方式向申请执行人书面告知。同时要求各指挥中心接到对执行人员乱执行和有关执行作风、形象差方面的投诉，立即安排人员进行调查。两个工作日内反馈调查处理结果。为了确保执行指挥中心的各项工作落到实处，市法院执行局决定每周对全市指挥中心运行情况进行抽查，每月对工作情况进行汇总通报。与此同时，立即着手研究制定与执行指挥中心配套的各种具体情况下的工作方案和工作流程，让全市法院执行指挥中心运作顺畅，发挥应有的效能。

为了进一步检验执行快速反应机制，市法院有关部门先后对全市法院执行指挥中心执行进行了三波次检验、检测，重点对存在问题进行了通报，督促全市法院执行人员提高对建立执行指挥中心的认识，进一步落实领导值班制度、出警制度。市法院执行局设计、印制了《执行指挥中心工作登记本》，以执行实施处人员为基础，成立三个应急机动小分队。全市法院均对照上级要求准备了警械器具和制定了相应的紧急出动的行动预案，以确保最短的时间内赶赴执行现场，迅速控制被执行人和被执行财产。

按照院领导的要求，以启动执行工作快速反应机制为契机，加大执行工作联动机制的工作力度，努力提高生效法律文书的自动履行率。7月12日起，南京市法院每周向江苏省电视台、广播电台和金陵晚报社提供一批全市法院被执行人的信息，计划一年时间内提供200～300名不履行生效法律文书的被执行人相关信息，督促被执行人自

动履行生效法律文书。2011年以来已向新闻媒体提供了53个被执行人的相关信息，涉案标的额为1519.2万元。

（三）雷厉风行，积极履行承诺，在发挥机制效能上下工夫

全市法院执行局长向社会郑重承诺：值班领导移动电话全天候向社会开放；发现被执行人下落和被执行财产线索的举报财产线索，执行法院将迅速出动，控制被执行人和财产；对执行人员的所有举报、投诉将立即安排专门人员调查、处理，两个工作日内反馈处理意见。7月1日，申请执行人南京某耐磨材料有限公司向秦淮区法院执行指挥中心反映：诉讼中在广西冻结的被执行人广西德保县某水泥有限公司的银行账号7月10日到期，请求立即派人前往续封。按最高人民法院规定，被执行人在外地应委托执行，如果不去续封，将使被冻结的账号在委托过程中因冻结到期而自动解封。秦淮区法院执行局考虑到这一情况比较特殊，经请示院领导后，立即安排执行人员赴广西续冻该银行账户，受到申请执行人的好评。同日，申请执行人张某向六合区法院执行指挥中心反映，他们两个申请执行人多方查找，在南京市区找到了长期躲债的被执行人吴某，请求立即执行。六合区法院执行指挥中心决定立即启动执行快速反应机制，组织人员紧急出动将被执行人从市区带回六合区法院谈话，在法院强大的执行威慑下，被执行人当场表示愿以一套已被法院查封的商品房交由法院拍卖处理，两个申请执行人对法院的快速反应措施表示满意和感谢！张某申请执行唐某买卖合同纠纷一案，执行标的4万余元。唐某在白下区法院有12件为被执行人的债务案件，一直在外躲避执行。该院执行指挥中心接到张某提供的唐某联系电话后，指派案件承办人与唐某电话联系，告知其目前南京两级法院已成立执行指挥中心，如果仍还不到法院来谈如何履行债务，法院将通过公安机关查找其下落，并采取罚款、拘留的强制措施。次日，唐某来到法院，经做工作，当天履行了5000元，并和张某达成和解协议，承诺于2012年1月20日前连本带息还清欠款。7月6日，建邺区法院执行指挥中心接到一位当事人电话求助，说发现被执行人的一辆汽车请求法院执行，执行局干警随即赶往现场，用两小时时间将被执行人的藏在居民楼楼车库里的汽车成功扣押至法院。建邺法院执行指挥中心以其快速的反应、迅猛的声势和良好的执行效果获得了当事人的连声称赞。2011年10月5日11点40分，当人们还沉浸在国庆长假的喜庆氛围之中时，六合法院执行局执行指挥中心的电话铃声响起了。当事人石某来电举报，其申请执行的

南京某物流公司道路交通事故人身损害赔偿纠纷一案赔偿款迟迟未能兑现，而该公司所属的苏 A66079 号东风货车正停放在六合区横梁镇，请求法院立即予以扣押。六合法院执行指挥中心立即抽调在家休息的执行干警赶到法院集合，并与六合交警大队、横梁派出所联系，请求派员协助。半小时后，执行干警赶至车辆停放现场，与交警部门、派出所共同将苏 A66079 号车辆成功控制。承办法官在有效稳定当事人情绪、疏散围观群众的同时，对被执行人的法定代表人晓之以理，动之以情，最终促使双方当场达成和解协议，被执行人法定代表人随即将 5300 元案款汇至法院账户。中午 12 时 30 分，案件得以圆满执结，申请执行人石某拿到执行款后，握住承办法官的手迟迟不肯松开，一再表示感谢。

司法工作热点问题研究

关于加强行政审判司法建议工作的调研

浙江省高级人民法院联合课题组*

深入推进社会矛盾化解、社会管理创新、公正廉洁执法三项重点工作，积极应对经济社会形势变化引发的新情况、新问题，引导群众以理性合法的方式表达利益诉求，促进行政机关依法行政，及时妥善化解行政争议，是当前人民法院行政审判的工作重点。这就要求行政审判在最大限度地实现个案公平与正义的同时，要更加关注对案件审理活动发现的社会矛盾隐患、社会管理缺陷等行政裁判难以处理的问题，提出切实可行的解决问题的建议，从而促进社会矛盾的化解和社会管理的创新，这样的建议就是"堪称人类理性应对制度困境的典范"① 的行政审判司法建议。

近年来，人民法院把开展行政审判司法建议工作，作为化解行政争议的新机制积极进行探索，已经积累了一定的经验，但学界对于行政审判司法建议的理论研究却几乎是一片空白，而域外相关制度可以用来比较借鉴的也非常有限，在司法实践创新缺乏一定的理论支撑的情形下，更加凸显了对行政审判司法建议促进依法行政这一课题进行研究的重要意义。从统计数据分析，行政审判司法建议无论是与依法行政的关联度还是发送的数量，都远远超出了刑事、民事审判的司法建议，故本次调研的范围限定在

---

* 课题主持人：浙江省高级人民法院副院长高杰；课题组成员：浙江省高级人民法院行政庭庭长蒋中东、宁波市中级人民法院副院长张宏伟、绍兴市中级人民法院副院长黄家由、舟山市中级人民法院副院长曹卫年、浙江省高级人民法院行政庭审判长马国贤、浙江省高级人民法院行政庭助理审判员马良骥（执笔人）。

① 许宏波：《对我国司法建议制度的反思与重构》，载《法律适用》2008 年第 1 期。

行政审判工作中的司法建议。

一、行政审判司法建议工作的基本概况

（一）行政审判司法建议概述

司法建议是一项具有中国特色的司法制度。《中华法学大辞典》是这样定义司法建议的，即司法机关在办理案件过程中，发现损害国家、社会和其他公民合法权益的情形，但又不属于自己的权限范围时，向有关单位或个人提出的应当采取某种措施的具体建议①。近年来，司法建议作为人民法院回应和谐社会建设、应对经济社会新变化、开展能动司法的重要举措，得到了最高人民法院的进一步重视。2007 年 3 月 1 日，最高人民法院下发了《最高人民法院关于进一步加强司法建议工作为构建社会主义和谐社会提供司法服务的通知》［法发〔2007〕10 号］，要求各级人民法院对在审判工作中发现普遍性或需要提请注意的问题，要及时提出司法建议，要完善机制，实现司法建议工作制度化。

行政审判中的司法建议，是指人民法院在审理行政案件中，对案件涉及的不宜由人民法院直接处理的问题提出意见，要求有关国家机关和单位依法予以处理的一种活动。相对于其他审判来说，司法建议在法院的行政审判工作中具有独特的作用。由于现行行政诉讼制度和司法裁判的局限性，许多行政争议往往不能仅凭一纸裁判就能妥善化解或者彻底解决，这时，行政审判司法建议作为柔性化解官民矛盾，拓展行政审判空间的重要手段，在弥补司法裁判的不足，妥善化解行政争议等方面就可以发挥重要的作用。但作为法院行政审判工作的一项重要内容，司法建议的地位在现行法律规定中却未得到明确。《行政诉讼法》第六十五条规定：行政机关拒绝履行判决、裁定的，第一审人民法院可以向该行政机关的上一级行政机关或监察、人事机关提出司法建议。接受司法建议的机关，根据有关规定进行处理，并将处理情况告知人民法院。这是我国法律对行政审判司法建议的唯一规定，显然这一规定主要是针对行政机关不履行法院生效裁判的制裁措施，但其既没有对内容进行规定，也没有对接受方的法律责任进行规制，可见行政审判司法建议在法律中的表述与司法现实中的作用并不契合。如何延伸行政审判的职能作用，以积极有效的非强制形式参与社会矛盾化解、社会管理创新，以促进行政机关依法行政，成为完善行政审判制度的重要内容。

---

① 《中华法学大辞典》（简明本），中国检察出版社 2003 年版，第 598 页。

我国目前处于社会转型期，各种社会矛盾多发，大量社会矛盾转化成行政争议，行政审判工作面临着新的复杂形势。如何引导群众以理性合法的方式表达利益诉求，如何平衡社会秩序管理与行政相对人合法权益的保护，如何消除法院是否“官官相护”、能否公正司法的疑虑，如何满足群众对行政审判公正裁判的期待等课题，都需要人民法院进行积极的回应。在现行行政诉讼制度的法律框架之下，对这些仅仅依靠司法裁判难以解决的难题，就需要人民法院更新观念、创新工作机制，而行政审判司法建议就是新时期人民法院行政审判工作拓展和延伸审判职能，监督和促进依法行政、妥善化解行政争议的生动实践。

（二）浙江法院发送行政审判司法建议的基本情况

近年来，浙江法院行政审判在妥善化解行政争议的同时，充分发挥行政审判的职能作用，进一步加强行政审判司法建议工作，针对案件审理中发现的行政机关在行政管理和执法中存在的普遍性问题和漏洞，积极地提出改进建议。2009 年，全省法院共发送行政审判司法建议书 153 份。其中温州、台州、宁波、金华四个地区法院分别发送 34、24、22、19 份，占发送总数的 64.7%，分居前四位；省高级法院亦发送了 15 份行政审判司法建议。向地、市两级政府发送 26 份，占 17%；向相关政府职能部门发送 127 份，占 83%。因行政诉讼案件的审理而发送 124 份，占 81%；因非诉行政执行案件的审查而发送 29 份，占 19%。在发送的行政管理领域中，国土、城建、公安、计划生育、劳动和社会保障等分列前五位。

表一：2009 年全省司法建议及反馈情况

地区	法院发送数	行政机关反馈数	书面反馈率
温州	34	14	41%
台州	27	7	25%
宁波	22	11	50%
金华	19	12	63%
衢州	10	4	40%
绍兴	7	4	57%
杭州	7	5	71%
湖州	7	2	28%
嘉兴	5	1	20%

地区	法院发送数	行政机关反馈数	书面反馈率
舟山	2	1	50%
丽水	1	1	100%
省高院	15	2	13.33%
合 计	153	64	41.83%

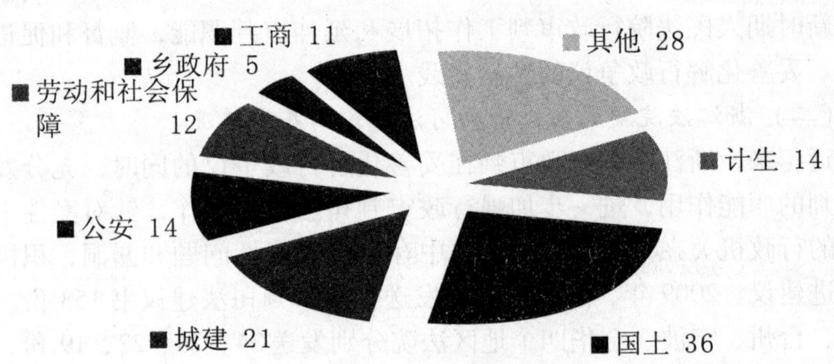

图一：2009 年司法建议发送领域分布图

（三）行政审判司法建议促进依法行政的实际效果

行政审判司法建议作为人民法院主动服务、能动司法的一种有效载体，使人民法院实现了“从简单的控权角色，转向注重柔性监督、辅导监督、有效监督的积极监督”① 的角色转换，同时也有效地推动了行政机关不断改进行政管理工作，完善和创新行政管理制度，规范行政程序，进一步提高依法行政水平。

1. 推动制度完善，预防行政争议

法院对行政行为进行合法性审查，必然要涉及对行政行为所依据规范性文件的审查判断，对于合法性存有问题或已不具合理性的规范性文件，通过发送司法建议，向有关行政机关提出改进、完善建议，防止行政争议再发。如在审理陈某诉杭州市政府土地行政复议案中，省高级法院发现某国家旅游度假区管理体制及职权依据等方面存在问题，并由此引发行政争议，直接影响该地区的经济发展和社会稳定，故建议根据《立法法》的规定，尽快完善相关配套立法。杭州市相关部门召集专题会议研究规范和完

① 莫于川：《“白皮书”：行政审判与依法行政的良性互动》，载《人民法院报》2010 年 1 月 15 日，第 5 版。

善度假区的管理工作，并及时作了反馈。又如在审理冯某等诉湖州市医保中心工伤保险行政决定案中，发现省政府相关规范性文件规定的“总额补差”政策不尽合理，且与最高人民法院的相关批复精神不符，对工伤职工的工伤保险待遇保障不利，省高级法院为此建议省政府修改完善该政策；省有关部门就此进行了调研，并报请省政府出台了新的政策，较好地保障了工伤职工的合法权益。这些适用性很强的行政审判司法建议，提示行政机关完善相关制度，从源头上进行预防，大大降低了行政争议再发的概率。

2. 促进管理创新，保障基本权利

法院通过审理行政案件发现社会管理制度存在的缺陷与漏洞，有针对性地提出司法建议，有效地促进了社会管理制度的创新。如在审理德清某酒业公司诉杭州海关价格管理及赔偿案中，省高级法院发现海关在与公司进行价格磋商的时候，才告知所选定价格资料的信息，但随即作出估价决定，使公司事实上失去了提出异议的权利，违背了正当程序的原则，为此建议杭州海关完善该价格磋商机制，保障行政相对人的基本权利。海关收到后，高度重视并立即进行整改，在一周内即出台规范完善估价磋商机制的规定。又如在审理丁某诉舟山市普陀区烟草专卖局烟草专卖行政处罚案中，舟山中级法院发现该局作出取消丁某从事烟草专卖零售业务资格决定的工作流程存在严重的程序缺陷，为此提出完善建议。该局在进行专题研究并报省局后，专门设计完善了《烟草专卖零售许可证事后监管强制措施流程图》，省烟草专卖局对该工作流程在全省作了推广，在保障行政相对人基本权利的同时，创新完善相应管理制度。

3. 规范行政执法行为，减少行政争议

不规范的行政执法行为，将使行政违法风险得不到有效控制，从而导致行政效率的降低，不但会损害行政相对人的合法权益，影响行政执法的权威性，还会引发大量的行政争议，增加行政执法和后续司法解决的压力和成本。法院在行政审判实践中，对不规范的行政执法行为提出针对性强改进建议，可以起到规范执法、提高依法行政水平、减少行政争议的积极作用。如在王某诉宁波市质量技术监督局质监行政处罚案中，宁波中级法院发现2001年国家质监总局有关封存期限为3个月的意见与浙江省地方性法规关于扣押的期限不得超过30日的规定明显不一致，应当执行后者的规定，为此发出司法建议。该局经研究后反馈，表示将对查封、扣押的期限予以进一步规范。又如在审理朱某诉嘉善县人民政府收回国有土地使用权决定等案中，嘉兴中级法院发现规划许可、收回面积远远大于计划立项面积、前置许可与收回程序颠倒等不规范问题，建议切实加以改进。县政府收到建议后，常务副县长组织召开专题会议，责成有关部门限期进行整改反馈，为有效减少类似的行政争议打下了基础。

4. 强化程序意识，保障相对人程序权利

重实体轻程序的观念在某些行政机关工作人员之中还普遍存在，法院除通过诉讼监督强化行政机关工作人员的程序意识外，对抗性小、易被行政机关接受的行政审判司法建议在这方面也发挥了积极作用。如在审理陈某等诉台州市公安局黄岩分局治安处罚案中，黄岩法院发现公安办案严重超期，且没有法定的延长理由，建议该局切实加强对办案民警在法定期限内结案的教育。该局收到建议后，专门召集办案干警进行法制培训，对个案进行剖析、制订具体改进措施。又如慈溪法院在审理行政诉讼案件及审查非诉行政执行案件中发现，国土资源局在作出没收或拆除较大面积建筑物的行政处罚前，没有告知当事人听证权，不利于保护当事人合法权益，更不利于减缓被处罚人对立情绪，故建议该局严格执行《行政处罚法》第四十二条的规定，履行告知程序。该局反馈认为，该建议对完善违法建筑行政处罚程序有较大的促进作用，将切实研究改进。

5. 促进严格依法管理，维护正常社会秩序

行政机关及时依法查处行政违法行为，以维护正常的行政管理秩序，是依法行政的基本要求。人民法院对在行政审判中发现的行政违法行为，通过司法建议形式提示行政机关依法查处，也是行政审判的延伸职能之一。如在审理欧妮电器公司诉绍兴市质量技术监督局质量监督行政处罚决定案中，绍兴市中级法院发现质监局在查清该公司有销售收入、但未对其违法所得进行调查的情况下，即仅对其作出罚款处罚，而未依法没收其违法所得，存在明显的执法缺陷。为此建议质监局加强对违法所得的查处。该局高度重视，专门召开研讨会并起草了《绍兴市质量技术监督系统行政处罚案件违法所得认定若干意见》，及时堵塞行政管理中的漏洞。又如在审理潘某诉浦江县公安交通警察大队扣车行政强制措施案中，浦江法院发现公安交警部门在潘某未携带行驶证、驾驶证，驾驶无牌号车辆事实清楚的情况下，未依法予以处罚，故建议对潘的交通违法行为依法作出处罚。交警大队在收到建议后，迅速反馈表示予以采纳。

6. 报送行政审判“白皮书”，全面提升依法行政水平

2008 年起，浙江高院连续三年对全省行政案件的基本情况、行政机关败诉的主要原因进行梳理分析，提出进一步提升依法行政水平的建议，形成年度行政案件司法审查情况报告，以行政审判“白皮书”的形式报送省

委、省政府主要领导。省长吕祖善每年都作出重要批示，省政府办公厅将“白皮书”转发各地市政府和省重点厅局并要求落实整改，相关地市政府及省级执法部门以专项检查、专题会议和评比考核等多种形式认真落实改进措施，力促依法行政，有的地区还出台了行政败诉案件责任追究等制度。全省各中级法院和不少基层法院也开展了这项工作，引起了当地党委、政府的高度重视。行政审判“白皮书”作为一种特殊形态的司法建议，“它是司法建议权制度化的重要创新，它将司法建议从个案层次提升到年度报告层次，有利于整体观察和系统总结依法行政的相关状况。”① 这种建议比起一般的司法建议更具综合性和全面性，对提升行政机关依法行政水平，促进依法行政意义重大。

二、行政审判司法建议工作存在的主要问题

通过对2009年全省法院发送行政审判司法建议及其反馈落实情况进行梳理，行政机关对法院发送的司法建议反映不一，一部分行政机关收到后十分重视，认真研究并落实改进措施，及时书面反馈给发送法院。但就整体而言，行政机关反馈率不高，全省仅为41.83%，嘉兴、台州、湖州反馈率都不到30%，省高级法院发送的15份司法建议只有2个行政机关书面反馈，反馈率为13.33%。从反馈的情况看，行政审判司法建议的落实情况更不理想，有的只是应付了事。

为了能清晰地揭示行政审判司法建议具体的反馈与落实情况，课题组选定了宁波、绍兴、舟山三个地区法院作为抽样分析样本，并根据三地开展行政审判司法建议工作的实际，选取不同的时间段进行微观实证分析②。

（一）以宁波地区为抽样分析样本

2005~2009年宁波地区11个基层法院及中级法院行政庭共收一审行政案件2659件，发出司法建议135件。

① 田飞龙：《构建法治理性的权力间对话机制》，载《人民法院报》2010年1月15日，第5版。

② 之所以选取宁波、绍兴、舟山为抽样分析样本，是因为这三个地区法院具有一定的代表性，即宁波系行政案件数量较多，行政审判司法建议发送量也较多的地区；舟山地区法院正好相反；绍兴则属居中情况的一类。因此，无论从调研便利性的角度，还是从科学性的角度，选择这三个地区法院为抽样研究样本是较具代表性、科学性的。

表二：2005—2009 年宁波法院司法建议发送与反馈情况表

	中院	海曙	江东	奉化	鄞州	余姚	慈溪	北仑	江北	象山	镇海	宁海	总数
提出建议总数	6	13	19	4	34	3	13	1	1	9	9	20	135
收到反馈总数	4	8	11	2	28	1	6	0	0	5	6	16	87
其中形式反馈数	1				4							2	

从法院司法统计分析，行政机关对行政审判司法建议的反馈率为 64.4%；而根据调研组对宁波地区 70 个行政执法机关的问卷调查分析，其中收到司法建议的有 34 家，称已作反馈的有 29 家，反馈率可达 85.2%。尽管两者的统计数据存在差异，也不排除个别参与答卷的行政机关有夸大的可能，但即使按司法统计数据，反馈率也达到了 64.4%。

从反馈结果分析，单纯表示已经收到了司法建议或会采取措施的表态性形式反馈并不多见，为 7 件，占反馈总数的 8%；而采取实质性措施的反馈所占比例相对较高，为 80 件，占反馈总数的 92%，占发放总数的 59.25%；没有反馈的，基本上可以视为没有引起重视或没有采取积极有效的整改措施。

按上述统计数字表明，宁波地区法院发送行政审判司法建议的数量、质量已经达到一定的水平，从该地区行政机关对发送建议的反馈率和采取实质性措施的比率看，也足以说明法院发送的建议引起了行政机关的重视，并取得了促进依法行政的实效。

（二）*以绍兴地区为抽样分析样本*

近年来，绍兴地区两级法院以行政审判司法建议的发放为载体，监督、促进行政机关依法行政，取得了一定实效。2009 年共发送行政审判司法建议 8 件，其中中级法院发送 5 件，基层法院发送 3 件；涉及市、县两级政府和质监局、工商局、国土局、公安局交警大队等多个部门；建议的内容包括执法程序、事实认定、法律适用、工作方法、制度建立等多方面。收到书面反馈及整改意见 4 件，口头反馈意见 2 件。从绍兴地区一年收案 195 件的数量看，发送的比例达 4%；从有效反馈率看，反馈率达到了 75%（含口头反馈）。总体上讲绍兴地区法院开展行政审判司法建议工作还是比较好的，但也存在一些问题：（1）中级法院与基层法院之间的不平衡。在发送的 8 件中，中级法院占了 5 件，达 62.5%；一方面表明基层法院对司法建议的发送工作尚未引起足够重视，另一方面也说明绍兴中院对一审案件及行政机关的监督力度有待加强。（2）市县政府与一线执法机关间的不平衡。2009年该地区向市、县两级政府发送3件建议，没有一件反馈；向一线执法机关发送的5件建议，3件书面反馈，2件口头反馈，反馈率达100%，市县政府明显重视不够。（3）基层法院之间的不平衡。全地区六个基层法院，2009年只有两个基层法院发送3件（上虞法院2件、绍兴法院1件），其他4个基层法院全年没有发送一件行政审判司法建议。

（三）以舟山地区为抽样分析样本

2007年至2010年3月，舟山地区两级法院共发送行政审判司法建议13件，占同期审结一审案件数的6.1%，其中2007年6件，2008年4件，2009年2件，2010年截至3月底1件。发送的13件建议中，基层法院发送8份，中级法院发送5份。针对行政诉讼案件中发现的问题发送7件，针对非诉行政案件审查中发现的问题发送6件。发送的领域涉及城建、工商、公安、教育、环保、烟草及拆迁等行政执法部门，其中发送给建设局4件、工商局3件、其他部门各1件。收到行政机关的书面反馈6件（以正式文件、函、回函等形式），反馈率为46%。经审判委员会讨论后发送的为15.4%，其他都是行政庭决定发送的。从反馈情况看，采取实质性措施的反馈所占比例相对较低，仅为2件，占反馈总数的33.3%，占发放总数的15.38%；从反馈的内容看，反馈意见与建议的关联度并不强，反馈内容不具有针对性。上述情况表明，舟山地区法院发送的行政审判司法建议质量不高、反馈率较低、反馈的质量相对较低，发送行政审判司法建议的效果并不明显。

三、行政审判司法建议效能发挥的瓶颈分析

（一）现行法律制度设计方面的原因

行政审判司法建议制度的设计导致建议缺乏强制性。我国对于行政审判司法建议的规定主要存在于《行政诉讼法》及相关司法解释中，《人民法院组织法》并没有对此作出规定，且《行政诉讼法》及相关司法解释对此的规定非常简单：根据《行政诉讼法》第五十四条第（二）项规定判决撤销违法的被诉具体行政行为，将会给国家利益、公共利益或者他人合法权益造成损失的，人民法院在判决撤销的同时，可以分别采取以下方式处理：（三）向被告和有关机关提出司法建议；……。司法建议虽然在其他多部法律中出现，但是各部法律中对司法建议制度的规定都不明确。没有明确的制度设计和规范是导致司法建议强制性较弱的重要原因之一。

司法建议的强制性除了缺少法律条文的依据外，也缺少司法建议受众的认可度。在本次调研中，调研组对行政机关对司法建议的强制性作了一

次问卷调查，也反映出司法建议的强制性缺失的问题。（见图二）

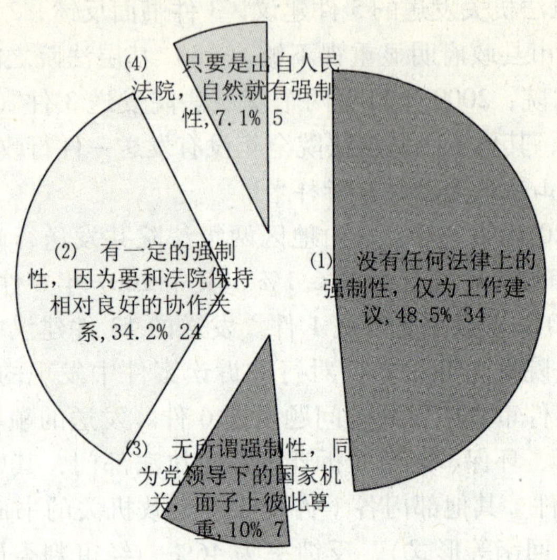

图二：司法建议强制性认知调查图

对于司法建议"强制性缺失"的问题，学者们也表达了类似的观点。中国青年政治学院法学副教授周泽认为，由于司法建议扩大应用范围，缺乏法律授权因而往往不具有强制性，接受单位也没有执行的义务。司法建议仅仅就是建议而已，只具有道义上的宣传、提醒效力。只是由于法院本身的特殊权威性，其效力更强一些而已。① 北京大学法学院副教授傅郁林更是认为："司法建议是什么性质，没有法律规定也不好界定"，"但可以说它不属于司法权范围，是司法权的一种拓展。既然不属于司法权力范围，法官就没有特定义务去发司法建议，接受单位也没有一定执行的义务。"②

因司法建议没有强制性，受建议人并不一定接受，建议人也会因工作徒劳也失去了积极性。从另一角度来说，法院在司法建议中不受任何实体和程序规定的约束，不建议也不算失职，无人追究，不影响工作成绩，这都是影响司法建议的质量和数量的原因。

（二）行政审判司法建议质量方面的问题

以宁波地区的抽样调查为例，尽管有67.8%的行政机关对建议进行了反馈，认为行政审判司法建议的具有针对性，质量较好，对建议提出的问

①② 戴燕军：《司法建议何时走出尴尬境地》，《中国审判》2007年第10期。

题、解决方法和途径等都予以接受。但仍有近5.3%的建议被视为情况不清、问题不准、建议不具有针对性；17.8%称未考虑到行政机关实际工作的难度，要求过高；26.7%称问题客观存在，但存在现阶段确实无法克服也无法解决。

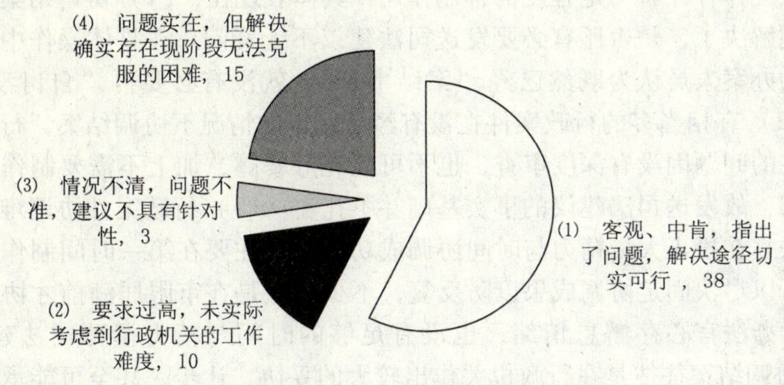

图三：宁波法院司法建议质量评价图

司法建议质量不高的问题，在舟山地区法院更为明显。主要问题：(1) 发送建议的程序不一，即行政审判司法建议大多没有经过审委会讨论，而是以行政庭函等形式发送，经审委会讨论同意并以法院函形式发送的仅占15.4%。(2) 建议内容可操作性不强，行政审判司法建议一般由案件承办人具体制作完成，基于目前法院行政审判人员业务水平参差不齐，人员流动频繁，又未经审委会讨论或分管院长签发，司法建议往往会指出问题不准、法律分析不透、具体建议针对性和操作性不强，有的不符合目前行政执法的现状，有的建议甚至会出现错别字，影响了行政审判司法建议应有功能的发挥。

在本次调研中，我们也了解到由于司法建议质量存在问题而影响其效能的发挥的现象在全国其他地区法院也不同程度存在。如北京昌平法院的院长在接受《法制日报》记者采访时也表达了同样的观点：“（司法建议）格式不统一，阐述问题不具体、缺少证明材料，建议内容太过简单、空洞，缺少针对性和可行性等问题，影响了司法建议的回复率。甚至有些司法建议连联系人都不写，被建议方想回函也找不到途径①。”

① 黄洁：《司法建议回复率低原因多》，载《法制日报》2007年4月3日，第5版。

（三）行政案件协调对司法建议工作的冲击

从理论上讲，行政案件的协调工作和司法建议工作之间并不存在当然的冲突，因为做好协调工作跟依法审查、发现并指出行政执法中存在问题，然后提出司法建议并不矛盾。但在司法实践中，行政案件的协调对司法建议工作存在着一定程度的抑制作用，具体表现在：（1）协调结案，实质问题解决了，是否还有必要发送司法建议不无疑问。在具体操作中，相当多的办案人员认为既然已经“案结事了”，就没有必要再“自讨没趣”了。（2）有相当多的行政案件在没有经过庭审的情况下协调结案，行政执法存在的问题因没有深度审查，也不可能充分暴露，加上不需要制作行政判决书，故发送司法建议的事实基础并不扎实。（3）行政案件协调难度较大，法官在投入大量精力与时间协调成功后，往往要在第一时间制作撤诉文书，以尽快固定协调成果以防反复，不少案件是在审限届满前才协调成功，承办法官心存懈怠情绪，也没有足够的时间与精力撰写司法建议。（4）协调结案往往是在行政机关作出较大的妥协、让步，甚至可能承担一定追责风险的情况下达成的，必须得到行政机关的积极配合，有的甚至动用了各种正式或非正式的行政资源，承办法官会综合考量这些因素，而不再发送可能给行政执法人员带来一定影响的司法建议。实践中，的确也存在有的行政机关以不发司法建议为条件，而积极配合案件协调的情形，司法建议也就失去了生存空间。

（四）对行政审判司法建议运行的内在逻辑缺乏思考

就法院来说，因为司法建议不属于审判权这种直接监督的范畴，① 缺乏直接的强制力，为了能使司法建议落到实处，法院除运用自身的影响力之外，往往借助对相关行政机关有直接或间接约束力的政府、党委、人大，以形成适当的压力，促使行政机关认真落实司法建议的内容。而其中最直接和有效的，是上一级行政机关。其次，在同级政府内部，特别是政府法制部门②、行政监察部门，倾向于借助司法建议监督、促进其他职能部门的依法行政工作。在促进依法行政的大背景下，执法错案率、败诉率已经成为行政机关绩效考核的内容，特别是一些地市政府已把行政审判司

① 张坤世：《论行政诉讼中的司法建议》，载《云南行政学院学报》2001 年第 4 期。

② 市（区）政府法制办有多项工作职责，除法制宣传、协调等任务外，法制办还有一项重要的工作职责即执法监督，即对各具体行政机关的执法活动，进行检查，监督。目前，鉴于各法制办相对很少的人员配置，要完成对政府多个执法部门众多的执法行为监督，往往力不能及，而司法建议则是一个很好的手段，法制办容易借此发现下属政府机关在执法过程中的差错，对于这种差错，他们认为，即使没有司法建议，一旦进行执法检查发现了，也要进行监督处理，因此，司法建议应该保持，并在制度上保持一定刚性。

法建议纳入到依法行政考核体系中，司法建议事实上具备了一定的刚性和约束力。第三，具体行政机关也面临着部门之间、本机关与其他机关的协调问题，法院的司法建议也可以成为有效的媒介。行政机关在具体解决司法建议提出的问题时，往往是由具体的工作部门及个人来承担，而问题的解决却往往会超出本部门、甚至本行政机关的范围。这样，便存在着具体行政机关与邻近各行政机关甚至整个政府之间的互动关系，即具体行政机关解决实际问题时，需得到其他行政机关及上一层面政府的支持与配合。而各级人民政府及其工作部门彼此之间有效的互动需要特定的媒介，除组织关系外，司法建议在一定条件下亦可以成为这一媒介。基于上述原因，尽管目前司法建议“已经完全超越了立法的规定，成了司法机关在缺失法律依据的情况下的‘合法行为’”①，但行政机关也无法正面拒绝司法建议，在本部门、本机关、其他相关行政机关、上级政府及法院组成的诸体系的互动、交流过程中，行政机关也逐渐形成了一定的应对逻辑，并借此表达自身的价值诉求。对于以上的分析，行政审判法官往往缺乏清晰的认识，因此就无法回应社会对行政审判司法建议的真正需求，造成司法建议的效果不佳。

四、完善行政审判司法建议工作的路径

（一）完善有关行政审判司法建议制度的立法

具体来说，就是要制定相关法律规范，明确行政审判司法建议的法律性质，确立其法律地位。行政审判司法建议应在《人民法院组织法》、《行政诉讼法》中有所规定。《人民法院组织法》原则规定人民法院的司法建议职权，《行政诉讼法》则规定行政审判司法建议在审判、执行活动中的具体应用，明确规定司法建议的适用原则、适用范围、被建议单位的反馈落实义务及相应的法律责任等问题。

全国政协委员、中国人民大学汤维建教授提出要制定《司法建议法》，他认为：“目前，我国司法建议的法律依据散见于若干部门法和司法解释中，存在界定不明、内容不一的问题，没有形成系统完备的司法建议制度。由于缺乏统一规范的制度规范，实践中尽管司法建议发挥了较好的作用，但也存在很多问题，严重制约了司法建议制度的功能发挥。……《司法建议法》应在现行法律和司法解释的基础上，结合司法实践中的经验，对司法建议制度的系统总结和规范，主要是程序性的规定，立法难度不

① 许宏波：《对我国司法建议制度的反思与重构》，载《法律适用》2008 年第 1 期。

大。由于司法建议制度涉及多个司法机关的职权，如果分别制定公安建议、检察建议和法院建议法规或司法解释，可能造成立法资源浪费，也难以确保其规范性和效力性，因此建议由全国人大制定该法，建立所有司法机关共同适用的司法建议制度规范[①]。”

我们认为，出台《司法建议法》可能需要漫长的立法进程，司法建议的实践仍处在探索发展过程中，有些制度还不是很成熟，未真正成形[②]。因此，比较可行的是最高人民法院尽早出台相关的司法解释，在总结有关行政审判司法建议实践经验的基础上，对司法建议的适用原则、适用范围、发送规范、运作机制等作出明确规定，从制度设计上确保行政审判司法建议的规范性、权威性和实效性。

另外，在最高人民法院未出台司法解释之前，作为过渡性措施，各地法院可以通过行政审判联席会议等互动平台，促成政府出台规范行政审判司法建议反馈、落实的制度，并将司法建议的反馈和落实情况纳入到依法行政考核之中，以此增强司法建议的强制力。例如，温州市近期就出台了《温州市人民政府关于实行行政败诉案件责任追究的通知》，明确规定："被申请（或被诉）的行政机关应当高度重视复议机关、人民法院的复议建议和司法建议，建立复议、司法建议反馈制度。各单位应当在收到建议函后，由复议或应诉人员提出有针对性的整改意见和措施，报分管领导审核，并在15日内向复议机关或人民法院反馈。如情况疑难复杂或需进一步整改落实的，反馈时间不得超过30日。"

（二）规范行政审判司法建议工作，提高司法建议质量

1. 规范司法建议的制作，提升建议质量

对此，绍兴地区法院的一些做法可供借鉴：（1）对形式进行规范，即对某个或某类案件反映的突出问题或带有普遍性的问题，要求制作书面的建议；对一些个案存在的轻微瑕疵，可采用口头建议的形式；统一司法建议的基本样式，每份司法建议应在院办公室登记备案，并规定了专门文号。（2）对制作主体进行规范，即对个案提出建议，一般由承办人提议、草拟，经合议庭研究确定后，报庭长签发；建议可能产生重大社会影响或向同级人民政府发送，则由合议庭提交审判委员会讨论决定，报院领导签

① 成金生：《司法建议发力在界外》，载《人民法院报》2009年3月13日，第5版。

② 例如，浙江高院已经在所辖范围内开始司法建议规范化的实践，已经于2009年8月18日出台了《浙江省高级人民法院关于进一步加强行政审判司法建议工作的通知》，对认真做好和进一步规范行政审判司法建议工作，扩大行政审判促进依法行政的综合效果，强化行政审判的服务功能提出了要求。

发；系统性和全面性的司法建议，一般由行政庭提出，会同研究室、办公室一同起草，报院领导签发。（3）对内容进行规范，即应包括案件类别、审理情况、发现的问题、原因分析、意见或建议等，意见或建议要具有可操作性；为督促行政主体及时反馈，在建议尾部附上"以上建议请研究处理，并将处理结果于30日内函告本院"的提示。（4）对建议时间进行规范，即司法建议一般在案件审结后发送，但为达到行政审判司法建议时效性、灵活性的要求，对一些庭前审查即能发现的明显问题，庭前以口头形式向被诉行政机关提出，督促其整改；对庭审中或庭后发现的问题，在判决前或在判决后15日内发送。（5）对用词进行规范，即司法建议要言简意赅，同时还应考虑行政主体可接受性，避免拖沓冗长及模糊用语。

我们认为，对行政审判司法建议的规范，应从制作程序、文书格式、内容审查、发送主体、送达与反馈等具体环节着手，由最高人民法院以一定的形式进行统一规范，从而保证行政审判司法建议规范化、高质量并使之发挥实效。最重要的是办案法官要善于发现和梳理行政管理和执法中存在的问题，在深入剖析原因的基础上，有理有据地提出有针对性的意见和建议，确保司法建议内容翔实、言之有据、切实可行；要讲究司法建议的措辞，正确把握尺度，增强司法建议的可接受性。对行政审判司法建议类型也应作科学的分类，以提高司法建议内容的针对性。如无锡中级法院2008年发送的司法建议，件件得到了落实①，其成功的经验就是将司法建议分成纠正型、预防型、建设型三类。"纠正型"司法建议带有一定的刚性，如果同样的问题行政机关再次作被告的，法院将用判决方式予以纠正。"预防型"司法建议主要是针对可能引发行政争议的领域，通过司法建议提醒行政机关采取前瞻性措施，预防行政纠纷的发生。"建设型"司法建议，主要是给党委政府提供决策参谋，协助行政机关完善各项制度措施。

2. 建立行政审判司法建议反馈制度

司法建议要明确被建议单位反馈的具体期限，被建议单位收到建议后，应按照建议的要求进行研究、处理，并及时书面反馈给发送的法院。被建议单位若对建议有异议的，应将异议情况在规定期限内以书面形式反馈发送的法院，一方面以示尊重，另一方面也便于法院进一步做好改进司法建议工作。承办法官也要跟踪了解建议的反馈落实情况，确保司法建议落到实处。建议在司法建议中明确承办法官应作为反馈联系人，便于行政机关联系，随

① 赵正辉、蔡萍：《行政首长出庭常态、行政机关被告大减、司法建议件件落实》，载《江苏法制报》2009年8月20日，第A01版。

时解答行政机关在反馈落实中遇到的问题，确保反馈渠道畅通。

3. 建立健全对行政审判司法建议不作为的配套措施

行政机关对司法建议不反馈落实的，发送法院可以向其上一级行政主管机关或纪检监察部门提出意见和建议；如果仍然不作为的，法院可将相关情况报送同级党委和人大。其他非行政机关出现此类情况的，人民法院应向被建议单位的行业协会、主管部门提出意见和建议。同时，可参考上海法院的做法，建立司法建议信息库，对行政机关不反馈的情况，除了可向主管机关、纪检部门、党委、人大反映外，还可以将督促情况和处理结果输入司法建议信息库，[①] 通过建立司法建议不反馈"黑名单"制度，从而倒逼接受建议的行政机关及时反馈落实。从更高层次上，法国的经验亦可借鉴，在法国行政诉讼中，行政机关不执行行政法院的裁决和其他合理建议时，最高行政法院可以某种适当的方式提请行政机关注意；最高行政法院在每年向总统提交的报告中，可反映不执行裁决和其他建议的情况。从表面上看，这里似乎没有任何较为强制性的有效措施，但在实际执行中，由于总统是国家元首，掌握着任命高级公务员的权力，没有哪一个公务员会以自己的政治前途为代价而拒不执行法院的裁决和其他合理的建议。正是由于这种制约机制的存在，使得那些在行政诉讼中并不一定具有强制力的司法建议，通过行政诉讼以外的制约机制而变得更加有效。[②]

4. 加强法院内部的激励制约机制

各级法院要高度重视行政审判司法建议工作，把它摆上重要议事日程，使广大行政审判法官充分认识开展行政审判司法建议工作的积极意义，自觉地做好司法建议工作。要建立司法建议考评机制，以激励奖惩机制提高法官制发司法建议的积极性。具体来说，法院在对行政审判法官的工作业绩考评中，应把提出司法建议的数量、质量及效果等作为考核法官司法能力的一个重要指标，列入岗位目标考核，对所提司法建议被接受单位采纳并反馈落实的应酌情加分。对制发司法建议取得重大社会影响或良好社会效果的法官，应根据《法官法》的规定给予奖励；对应发送司法建议而未发送的法官，则酌情在绩效考核中扣分，从而调动办案法官做好司法建议工作的积极性，不断提高司法建议质量，提升司法建议的实效。

（三）正确处理协调结案与发送司法建议的关系

行政案件的协调结案对行政审判司法建议发送带来的冲击客观存在、

---

① 王建萍：《上海办案注重社会效果、司法建议整体推进》，载《人民法院报》2009年6月29日，第1版。

② 王名扬：《法国行政法》，中国法制出版社1989年版，第662页。

不容回避，但这并不意味着两者绝对不能相容。我们认为，在普遍加大协调工作力度的情况下，行政审判司法建议的重要性进一步凸显。法院一方面应当在协调结案的案件中发挥监督行政的作用，将未通过司法判决形式指明的问题用司法建议的方式予以指出，促使其改进工作；另一方面，对未能协调结案的案件，更应该注重通过司法建议的方式来延伸审判职能作用，解决实际问题，以充分保障行政相对人的合法权益，促进依法行政。因此，在强调协调结案的背景下，司法建议工作不但不能弱化，而要进一步加强。对于连续几年发送建议数量很低甚至为零的法院来说，应认真审视行政审判司法建议的价值与意义，转变观念，提高认识，积极开展行政审判司法建议工作。

我们认为，如何看待协调结案与发送司法建议的关系，还涉及一个司法理念的问题。即作为行政审判法官应当认识到：制发司法建议不仅仅是法官的职权，更应该是法官的义务和职责；司法建议对社会的作用，不仅仅有利于行政机关及时有效地堵塞行政管理工作中的漏洞、纠正执法管理中存在的问题、完善存在缺陷的制度，还有利于引导社会公众依法办事，增强其法律意识，树立法院司法权威，真正起到审理一案、教育一片、防范一方的目的。司法建议在构建社会主义和谐社会中并不是可有可无的，司法建议作为化解社会矛盾冲突、提高社会管理水平的重要的司法服务手段，是人民法院进行司法监督的重要形式，是人民法院审判职能的进一步延伸，对于促进社会安定与和谐，建设法治社会，有着重要的促进作用。只有在正确的司法理念指引下，我们才能自觉地理顺协调结案与制发司法建议的关系，克服惰性和畏难情绪，切实做好行政审判司法建议工作。

（四）强化服务意识，创新行政审判司法建议工作机制

基于对行政审判司法建议运行内在逻辑的理性思考和社会学分析，进一步做好行政审判司法建议工作，切实发挥其促进依法行政的积极作用，我们必须强化服务意识，创新工作机制。具体可从以下几方面着手：

1. 转变观念，明确定位

传统司法的主要职能在于定分止争，以被动裁判为主；现代司法更加强调司法的能动性和司法的社会责任。司法建议即是法官根据司法实践运用司法智慧，通过案件审理发现社会问题、解决社会问题的尝试，它克服了司法被动主义的缺陷，是人民法院能动司法的具体实践。行政审判司法建议更是拓展和延伸行政审判职能、实现行政审判法律效果与社会效果有机统一的有效载体，是行政审判为大局服务、为党政决策建言献策的重要途径，是监督和促进依法行政、妥善化解行政争议的有效举措，是人民法

院对行政案件依法裁判的必要补充。因此，开展行政审判司法建议工作是促进司法与行政良性互动、服务依法行政的一种重要手段，而不是为难行政机关，更不是吹毛求疵、制造难堪。各级法院和广大行政审判法官要进一步增强服务意识，从一个服务者的角度去改进司法建议工作。要注意司法建议内容的中肯合理，充分考虑被建议者的心态和感受，讲究用语，增强司法建议的可接受性，以真心诚意的服务，获得被建议单位的理解和支持，从而提升其促进依法行政的实效。

2. 讲求方法，注重实效

法院发送行政审判司法建议的目的，是为了推动行政管理制度的完善，既促进依法行政，又充分保障行政相对人的合法权益，故在行政审判司法建议工作中要坚持“三个并重”：一是坚持发现问题与解决问题并重，在指出问题、剖析原因的同时，注重建议、对策、措施的具体可操作性；二是主动服务与沟通交流并重，当法院对拟提出的问题或建议把握不准时，先与被建议单位进行沟通，以保证司法建议的针对性和可行性，同时体现法院对被建议单位的尊重；三是坚持发建议与听反馈、做回访并重，司法建议发送后，法院应主动追踪反馈落实情况；对于重点单位，在收到反馈意见后，法院还应进行再回访，以了解整改措施的落实情况，确保司法建议落到实处。

3. 拓展范围，创新形式

要进一步拓宽司法建议范围，探索和创新司法建议形式。除了针对行政案件审理中发现的行政机关在行政管理和执法中存在的问题和漏洞发出司法建议外，对行政机关在应诉工作方面存在的不足以及案件审结后需要进一步做好善后或维稳工作的，均可以提出司法建议。既可以针对个案中存在的问题提出司法建议，也可以就某一类案件或某一个阶段存在的突出问题提出系统性的司法建议；既可以就案件本身存在的问题提出建议，也可以就案件反映出的行政机关日常管理中存在的普遍性问题提出建议；既可以就行政行为的合法性问题提出建议，也可以就行政行为的合理性问题提出建议。对一些需要行政机关配合做好协调工作的重大复杂案件，也可以就案件的协调化解方案向有关行政机关提出司法建议。司法建议一般应采用书面形式，但对一些个案存在的轻微瑕疵，也可以采用口头形式提出建议。同时，对需要与行政机关当面沟通并听取意见的，还可以采取召开座谈会等形式提出建议，以取得更好的效果。

新类型疑难案例选评

凌源市东城街道辛杖子村辛南村民组、辛北村民组诉凌源市人民政府土地确权决定案

李 蕊*

【裁判要旨】

行政机关在土地确权程序中行使行政裁量权时，应当遵循合理性原则对法律规范规定的事实要件以及确权结果作出适当的裁量。如果行政机关对法律规范的解释不当，没有考虑应当考虑的因素，则人民法院应当对其作出的土地确权决定予以撤销。

【案情简介】

上诉人（原审原告）：凌源市东城街道辛杖子村辛南村民组、辛北村民组。

被上诉人（原审被告）：凌源市人民政府。

被上诉人（原审第三人）：凌源市东城街道辛杖子村民委员会。

辽宁省朝阳市中级人民法院一审认定，凌源市东城街道辛杖子村辛南村民组、辛北村民组（以下简称辛南组、辛北组）与凌源市东城街道辛杖子村民委员会（以下简称村委会）争议的土地位于凌源市城区东南，大凌河东侧，东邻辛南组、辛北组住宅，西邻大坝，南邻房申村界，北邻辛杖子村耕地，面积211.48亩。1961年以前，辛南组、辛北组属于一个集体经济组织，归西五官高级社管理，后分为两个小队。争议的土地中，当时包括林地、耕地和河滩，其中的耕地由辛南组、辛北组经营，因该地块靠近河边，洪水泛滥时没有收成，后无法耕种。对于林地的权属，没有经过确认。1968年实行大队统一核算后，大队从各小队抽调劳动力并投资对争

* 辽宁省高级人民法院法官。

议地块进行统一治理，建设防洪大坝，经过多年治理后形成200多亩耕地，并由村委会经营管理至今。在村委会经营期间，辛南组、辛北组曾多次向村委会及相关部门索要争议地块内的耕地，未果。2008年辛南组提出土地确权申请，2009年1月18日，凌源市国土资源局对该土地权属争议进行调解，未达成调解意见。3月26日，辛北组以同一理由向凌源市人民政府提出土地确权申请。5月25日，凌源市人民政府针对辛南组、辛北组的申请作出土地确权决定，将争议的211.48亩耕地确认给现使用者村委会所有。辛南组、辛北组不服，向朝阳市人民政府申请行政复议，朝阳市人民政府于2009年9月16日作出朝政行复字（2009）第46号行政复议决定，维持凌源市人民政府作出的土地确权决定。辛南组、辛北组仍不服，向朝阳市中级人民法院提起行政诉讼。

二原告诉称，争议的211.48亩土地历史上就归二原告所有，早在1968年以前二原告即组织本组基干民兵40余人筑坝抗洪，投入大量人力物力造成稻田，二原告共同经营至1968年。1968年以大队为核算单位后，争议土地收归大队统一治理，对大坝进行加固，伐掉林木，种植水稻。大队核算解体后，二原告即主张返还争议土地，但大队以维护大坝为由不予返还。1983年实行联产承包时，二原告决定分掉争议土地，大队强行干涉不许分地。此后，二原告不间断地向大队、公社、凌源县（市）农业局、县（市）委、县（市政府）、凌源市国土资源局等单位提出归还请求，始终未得到答复。而当年收归大队统一治理的其他小队地块均在1968年至2002年间陆续归还给各小队。

被告辩称，二原告称其多次索要过争议土地，但没有一份书证能证明其索要的过程，被告无法认定其真实性。基于大队在争议土地上投入了大量的人力、物力、财力进行治理，建设防洪大坝，逐步将河滩治理成耕地，并已连续使用40年之久的事实，凌源市人民政府作出被诉的土地确权决定符合法律法规的规定。虽然二原告称期间多次索要过争议土地，但是被告依法有权根据具体情况，确定争议土地的所有权。

第三人述称，凌源市人民政府作出的土地确权决定认定事实清楚，适用法律正确，程序合法，请求法院予以维持。

【审理结果】

朝阳市中级人民法院经审理认为，本案争议的土地在大队核算前辛南组曾经营过其中的耕地，但面积无法确定，该地在无法耕种后，经村委会治理、改造、经营后，形成现状。虽然有证据证明在20年内辛南组曾主张过争议地的权利归属问题，但《确定土地所有权和使用权的若干规定》（以下简称《若干规定》）第二十一条规定赋予了凌源市人民政府根据具体情况进行确权的职权，而且诸多证据证明争议土地是村委会出资、出力治理而成并经营管理达40年之久的事实。争议土地的所有权性质一直是集体所有，经村委会治理后只是原有的土地状况发生了改变，被诉的土地确权决定关于大队统一管理的行为已经改变土地所有权性质的论述存在错误，但其依据变更后的现状确定土地权属的结果并无不当。辛南组、辛北组虽主张争议土地归其所有，但未能提供有效证据，其诉讼请求不予支持。故判决维持凌源市人民政府于2009年5月25日作出的凌政处字（2009）7号土地确权决定。

宣判后，辛南组、辛北组不服，向辽宁省高级人民法院提起上诉。

辽宁省高级人民法院经审理查明，辛南组、辛北组与村委会争议的土地位于凌源市城区东南，大凌河东侧，东邻辛南组、辛北组住宅，西邻大坝，南邻房申村界，北邻辛杖子村耕地，面积211.48亩。2008年辛南组提出土地确权申请，2009年1月18日，凌源市国土资源局对该土地权属争议进行调解，未达成调解意见。3月26日，辛北组以同一理由向凌源市人民政府提出土地确权申请。5月25日，凌源市人民政府针对辛南组、辛北组的申请作出土地确权决定，将争议的211.48亩耕地确认给现使用者村委会所有。辛南组、辛北组不服，向朝阳市人民政府申请行政复议，朝阳市人民政府于2009年9月16日作出朝政行复字（2009）第46号行政复议决定，维持凌源市人民政府作出的土地确权决定。辛南组、辛北组仍不服，向朝阳市中级人民法院提起行政诉讼。

辽宁省高级人民法院经审理认为，根据《土地管理法》第十六条第二款的规定，凌源市人民政府具有作出被诉行政处理决定的法定职权，原审法院对此认定正确。被诉的土地确权决定适用《若干规定》第二十条、第二十一条的规定将争议土地的所有权确认给村委会。《若干规定》第二十条规定："村农民集体所有的土地，按目前该村农民集体实际使用的本集体土地所有权界线确定所有权。农民集体土地所有权，由于下列原因发生变更的，按变更后的现状确定集体土地所有权。（一）由于村、队、社、场合并或分割等管理体制的变化引起土地所有权变更的；（二）由于土地开发、国家征地集体兴办企事业或者自然灾害等原因进行过土地调整的；（三）由于农田基本建设和行政区划变动等原因重新划定土地所有权界线的。行政区划变动未涉及土地权属变更的，原土地权属不变。"《若干规定》第二十一条规定："农民集体连续使用其他农民集体所有的土地已满

20年的，应视为现使用者所有；连续使用不满20年，或者虽满20年但在20年期满之前所有者曾向现使用者或者有关部门提出归还的，由县级以上人民政府根据具体情况确定土地所有权。"《若干规定》第二十条第二款分为三项，被诉的土地确权决定只引用第二十条而没有引用具体的款项，凌源市人民政府的委托代理人在二审庭审中答辩称系适用第二十条第二款第（三）项，但是被诉的土地确权决定却没有认定该项所规定的法定事实要件，即何时因农田基本建设和行政区划变动等原因重新划定土地所有权界线这一事实。适用《若干规定》第二十一条的前提条件是"农村集体经济组织使用其他农村集体经济组织的土地"，被诉的土地确权决定并没有认定争议土地的原所有权归辛南组、辛北组，凌源市人民政府的委托代理人在二审庭审中答辩称只能认定争议土地的耕地部分原由辛南组、辛北组经营。因此，被诉的土地确权决定认定的事实不能满足其适用的法律条款所规定的法定事实要件。被诉的土地确权决定在认定辛南组、辛北组一直主张返还争议土地的同时，又基于争议土地系动用全村人力、物力、财力经多年治理才形成且由村委会经营管理达40年之久的理由将争议土地的所有权确认给村委会。对此，辛南组、辛北组主张在1968年实行大队统一核算时从各小队均抽调了土地，但大队核算解体后至2002年间，村委会分4次将抽调的土地退还给原小队，只有涉案的土地一直未归还给辛南组、辛北组。虽然《若干规定》第二十一条规定县级以上政府有权根据具体情况确定土地所有权，但是这一行政裁量权的行使应当建立在全面把握"具体情况"的基础上，被上诉人市政府仅以"除争议地以外的3宗土地是否退还给原小队与本案没有直接和必然的因果关系"为由，作出被诉的土地确权决定不妥。综上所述，被诉的土地确权决定认定事实不清，适用法律错误，应予撤销。原审判决认定事实不清，判决结果不当，亦应予以撤销。依照《中华人民共和国行政诉讼法》第六十一条第（三）项、第五十四条第（二）项第1、2目的规定，判决：一、撤销朝阳市中级人民法院（2010）朝中行初字第3号行政判决；二、撤销凌源市人民政府于2009年5月25日作出的凌政处字（2009）7号土地确权决定；三、责令凌源市人民政府重新作出具体行政行为。

[评析]

行政机关未考虑应当考虑的因素作出的土地确权决定应予撤销

《若干规定》第二十一条规定："农民集体连续使用其他农民集体所有的土地已满20年的，应视为现使用者所有；连续使用不满20年，或者虽满20年但在20年期满之前所有者曾向现使用者或者有关部门提出归还的，由县级以上人民政府根据具体情况确定土地所有权。"由此可见，法律规范针对农民集体连续使用其他农民集体所有的土地不满20年，或者虽满20年但在20年期满之前所有者曾向现使用者或者有关部门提出归还时如何确定土地所有权的情况，赋予了县级以上人民政府行政裁量权，即县级以上人民政府可以根据具体情况来确定土地所有权。当然，县级以上人民政府的行政裁量权并不是任意行使而不受任何拘束的，除了应当遵守一般法律原则之外，还应当符合法律规范授权的目的。县级以上人民政府在适用该条款进行土地确权时，必须首先对该条款作出正确的理解和解释，其次应当对"具体情况"这一不确定概念作出适当裁量，充分考虑应当考虑的各种因素，从而确保对土地确权决定的结果作出适当裁量。

本案中，被上诉人凌源市人民政府在适用《若干规定》第二十一条时存在对该条规定理解和解释不当的问题，认为既然法律规范授权县级以上人民政府在特定情况下可以行使行政裁量权确定土地所有权，那么其依据该条作出的土地确权决定就必然是合法的，对"具体情况"的把握完全是政府的权力。这种对法律规范的理解和解释显然是不适当的。由于土地权属争议多数历时长久、纷繁复杂，证据多为证人证言，难以查清历史真相，这就要求政府在确权过程中必须遵循"尊重历史、面对现实、有利生产、有利生活"的原则，充分全面地把握"具体情况"，公平公正地作出裁决。

农民集体连续使用其他农民集体所有的土地已满20年的，视为现使用者所有，这种情况在实践中较好把握，只需认定一个农民集体连续使用其他农民集体所有的土地且已满20年这两个法定事实要件即可。但是当一个农民集体虽连续使用其他农民集体所有的土地但不满20年的，或者虽满20年但在20年期满之前所有者曾向现使用者或者有关部门提出归还的，情况就变得复杂起来，不宜直接视为现使用者所有，而必须综合考虑其他各种因素，作出一个最大限度趋于公平合理的土地确权决定。这也是《若干规定》第二十一条针对此两种较为特殊的情况，授权县级以上人民政府根据具体情况确定土地所有权的根本原因。既然要在综合考虑各种因素的情况下作出土地确权决定，那么县级以上人民政府就应当充分全面地考虑利益双方所主张的各种因素，而不能只考虑一方主张的因素，或者考虑一方主张的因素倚多，而考虑另一方主张的因素倚少。否则就是未考虑应当考虑的因素，其作出的土地确权决定就不符合合理性原则。

凌源市人民政府在作出被诉的土地确权决定时只是考虑了村委会治理、改造、经营争议土地多年的事实，但是却忽略了辛南组、辛北组主张的大队核算解体后至2002年间，村委会分4次将抽调的土地退还给原小队，只有涉案的土地一直未归还给二上诉人的事实，未对辛南组、辛北组的此项主张及相关证据进行调查核实，而仅以“除争议地以外的3宗土地是否退还给原小队与本案没有直接和必然的因果关系”为由，将争议土地的所有权确定给村委会显然是未考虑应当考虑的因素，必然导致被诉的土地确权决定认定事实不清，在此基础上作出的确权结果也就难以令人信服了。

由于司法权与行政权存在着本质上的区别，因此司法权介入行政权时必须保持有限的深度和广度，防止司法权代替行政权。基于此，当行政裁量行为仅存在不当的瑕疵时，司法权一般不应当介入；如果行政裁量行为构成违法，则应当接受司法审查。人民法院在适用合理性原则对行政裁量行为进行司法审查时，主要通过以下具体标准来衡量行政裁量行为的合理性：目的是否正当、是否符合比例原则、是否遵循先例、是否平等对待当事人、考虑是否正当、是否忽视了法律保护的利益、事实认定是否合理、对法律的理解和解释是否适当、程序裁量是否合理、结果裁量是否合理。本案中，凌源市人民政府在土地确权程序中对其适用的法律规范理解和解释不当，且未考虑应当考虑的因素，已经构成被诉的土地确权决定认定事实不清，适用法律不当。因此，辛南组、辛北组对该土地确权决定不服，依法有权向人民法院提起行政诉讼，人民法院应当判决予以撤销，并责令重作。

乔文荣、胡丽玛诉台州市人民政府房屋行政登记案

马良骥*

【裁判要旨】

根据《最高人民法院关于行政机关根据法院的协助执行通知书实施的行政行为是否属于人民法院行政诉讼受案范围的批复》［法释〔2004〕6号］的规定，行政机关根据人民法院的协助执行通知书实施的行为，是行政机关必须履行的法定协助义务，不属于人民法院行政诉讼受案范围。即使行政机关实施行为所依据的民事裁定或协助执行通知书被撤销，也不影响行政机关实施行为的性质，仍按法释〔2004〕6号批复处理。

【案情简介】

原告：乔文荣、胡丽玛。

被告：台州市人民政府。

原告乔文荣、胡丽玛系夫妻关系，位于台州市路桥区泰隆街新四桥南侧南起第一、二间房屋原系两原告所有。2004年2月25日，上述房屋被依法拍卖，第三人於艳玲以最高价竞得。2004年3月16日，台州市中级人民法院作出（2002）台执字第93－1号民事裁定，裁定位于台州市路桥区泰隆街新四桥南侧南起第一、二间房屋所有权及相应的土地使用权归第三人所有，第三人应在接到裁定书之日起三十日内到国土资源、房地产管理部门办理相关的登记手续。2005年5月30日，台州市中级人民法院向路桥区房地产管理处发出（2002）台执字第93号协助执行通知书，要求路桥区房地产管理处协助将上述房屋的所有权过户到第三人名下，后被告台州市人民政府向第三人颁发了房产权证。2009年6月22日，浙江省高级人民法院作出（2008）浙确申字第1号裁定书，确认本院作出的（2002）台执字第93－1号、93－2号、（2003）台执字第1－4号、（2003）台执字第20－1号民事裁定、（2003）台执字第1号协助执行通知

* 浙江省高级人民法院法官。

书和函违法，并予以撤销。2010年2月6日，两原告遂提起诉讼，要求确认被告为第三人办理过户、颁发房产证的行为无效。

【审理结果】

台州市中级人民法院经审理认为，根据法释〔2004〕6号《最高人民法院关于行政机关根据法院的协助执行通知书实施的行政行为是否属于人民法院行政诉讼受案范围的批复》的规定，"行政机关根据人民法院的协助执行通知书实施的行为，是行政机关必须履行的法定协助义务，不属于人民法院行政诉讼受案范围。但如果当事人认为行政机关在协助执行时扩大了范围或违法采取措施造成其损害，提起行政诉讼的，人民法院应当受理。"2005年9月6日，被告台州市人民政府为第三人於艳玲办理房产权证系根据法院的协助执行通知书所实施的行为，且未扩大范围或违法采取措施。之后，虽法院作出的民事裁定被浙江省高级人民法院裁定撤销，但并不影响被告当时行为之性质，被告的行为仍属协助法院执行的行为。因此，被诉具体行政行为不属人民法院行政诉讼受案范围。根据《最高人民法院关于执行〈中华人民共和国行政诉讼法〉若干问题的解释》第四十四条第一款第（一）项的规定，裁定如下：驳回原告乔文荣、胡丽玛的起诉。

[评析]

行政机关协助执行行为所依据的民事裁定或协助执行通知书被撤销不影响该行为的性质

一、本案相关司法解释的规定

本涉及的主要争议问题，即：行政机关根据法院的协助执行通知书实施了行政行为，但行政机关实施行为所依据的民事裁定或协助执行通知书被撤销，该行政行为是否属于人民法院行政诉讼受案范围。对此，法律和司法解释没有明确的规定。但是2006年12月25日，最高人民法院法办〔2006〕610号《关于不动产登记机关协助人民法院执行造成转移登记错误，人民法院对当事人提起的行政诉讼的受理及赔偿责任问题的复函》中有关的表述。该复函规定：根据《最高人民法院关于行政机关根据法院的协助执行通知书实施的行政行为是否属于人民法院行政诉讼受案范围的批复》［法释〔2004〕6号］的规定，行政机关根据人民法院的协助执行通知书实施的行为，是行政机关必须履行的法定协助义务，不属于人民法院行政诉讼受案范围。但如果当事人认为行政机关在协助执行时缩小或扩大了范围或违法采取措施造成其损害，提起行政诉讼的，人民法院应当受理。

此外，最高人民法院、国土资源部、建设部《关于依法规范人民法院执行和国土资源不动产登记机关协助执行若干问题的通知》［法发〔2004〕5号］第三条规定，国土资源、不动产登记机关在协助人民法院执行土地使用权、房屋时，不对生效法律文书和协助执行通知书进行实体审查。国土资源、不动产登记机关认为人民法院查封、预查封或者处理的土地、房屋权属错误的，可以向人民法院提出审查建议，但不应当停止办理协助执行事项。《最高人民法院关于人民法院民事执行中查封、扣押、冻结财产的规定》［法释〔2004〕15号］第28条规定，……轮候查封的法院违法要求协助义务机关处置查封标的物造成执行申请人损失的，应当进行执行回转，无法执行回转的，根据《最高人民法院关于审理人民法院国家赔偿确认案件若干问题的规定（试行）》［法释〔2004〕10号］第十一条第（八）项的规定，由错误发出协助执行通知的法院承担司法赔偿责任，协助执行义务机关不承担赔偿责任。

二、本案中协助人民法院执行的性质

根据上述司法解释及《民事诉讼法》第二百三十条关于“执行中，需要办理有关财产权证照转移手续的，人民法院可以向有关单位发出协助执行通知书，有关单位必须办理”的规定，人民法院因执行需要，向不动产登记机关发出的协助执行通知书，不动产登记机关应当按照协助执行通知书的要求办理有关房地产所有权查封或者进行转移登记。不动产登记机关对人民法院的协助执行通知不具有审查的权力。启动程序在人民法院，执行事项和内容在于人民法院。协助执行机关没有独立的意志，认为执行错误的，可以向人民法院提出异议，异议期间不停止办理，所以协助执行机关无力对抗人民法院的执行要求。因此，不动产登记机关协助人民执行的行为属于司法行为的延伸，而不是一个独立的行政行为。

三、人民法院的民事裁定以及协助执行通知书被撤销后，行政机关依据上述文书所实施的行为是否属于行政诉讼受案范围

根据《最高人民法院关于行政机关根据法院的协助执行通知书实施的行政行为是否属于人民法院行政诉讼受案范围的批复》［法释〔2004〕6号］的规定，行政机关根据人民法院的协助执行通知书实施的行为，是行政机关必须履行的法定协助义务，不属于人民法院行政诉讼受案范围。但如果当事人认为行政机关在协助执行时扩大了范围或违法采取措施造成其损害，提起行政诉讼的，人民法院应当受理。结合协助人民法院执行行为性质的法理分析，笔者认为，只要行政机关协助执行的内容是生效民事裁定及协助执行通知书确定的内容，而不是扩大范围或违背生效民事裁定及协助执行通知书的精神采取其他违法措施损害被执行人合法权益的，无论民事裁定及协助执行通知书是否被撤销，都应当是适用法释〔2004〕6号的情形。因为行政机关的登记错误的源头不在行政机关，也非行政行为违法所致，而是司法行为错误的延伸，因此，本题所涉情形不宜作为行政案件纳入行政诉讼的受案范围。

四、人民法院的民事裁定已被撤销，但相应的协助执行通知书未被撤销，行政机关依据协助执行通知书所实施的行为是否属于行政诉讼受案范围

根据上述分析，行政机关的行为是否可以纳入行政诉讼的受案范围，主要还是看行政机关在实施该行为时是否具有独立的意志，本题所述情形，行政机关在实施协助执行行为时，仍然不具有独立的意志，仍然是司法行为（执行行为）的延续，因此，无论民事裁定是否被撤销、协助执行通知书是否被撤销，只要行政机关在实施协助执行行为时没有加入自己的意志（扩大范围或采取其他措施），那么其行为的后果就应当由司法机关承担，这也符合权利义务相一致的基本法理。综上，笔者认为本题所涉情形亦不宜纳入行政诉讼受案范围。

《最新法律文件解读》丛书
稿　　约

为更好地服务司法与行政执法工作，加强法制宣传，提高司法与行政执法能力，人民法院出版社2005年起正式出版《最新法律文件解读》丛书。

欢迎您向以下栏目赐稿：

【最新法律文件解读】主要是对最新颁行的法律文件进行解读，帮助司法和执法人员正确理解法律文件的立法背景、意义、重点内容、在适用中应注意的问题、与相关法律文件的衔接与互动关系等等。

【司法工作热点问题研究】主要刊登对司法理论、实务及司法管理工作中的热点、疑难问题进行研究及评论的文章。

【新类型疑难案例选评】主要是对司法和行政执法实践中具有典型性和代表性的疑难案例，结合具体案情以及审理或处理结果进行简练精辟的点评，解析认识问题的方法、处理问题的法律依据和在个案中的具体适用。每篇点评文章一般在两三千字左右为宜，并拟出点评题目。

【法学前沿与新视点】以摘要的形式刊登相关法学理论研究的最新动态及具有代表性和典型性的前沿问题，扩展法学研究的深度和广度。

【法律适用热点、疑点、难点问题解答】主要针对司法和行政执法实践中面临的新问题、热点问题、疑难问题进行简要地解答，指出涉及的法律关系，明确法律适用依据。

稿件一经刊用，即付稿酬，稿酬从优。

《刑事法律文件解读》　兰丽专　邮箱：lanlizhuan@sohu.com

《民事法律文件解读》　肖瑾璟　邮箱：courtbook@163.com

《行政与执行法律文件解读》　姜　峤　邮箱：jiang9919@126.com

《商事法律文件解读》　姜　峤　邮箱：jiang9919@126.com

人民法院出版社

《最新法律文件解读》丛书编辑部